|"和季老湿一起学房产"系列|

SOLD！

36 Easy Ways to Make Your Home Sell Faster

秒卖

写给业主的36个卖房大法

黄海　季老湿 ◎ 著

中国经济出版社
CHINA ECONOMIC PUBLISHING HOUSE

北 京

图书在版编目（CIP）数据

秒卖：写给业主的36个卖房大法 / 黄海，季老湿著. -- 北京：中国经济出版社，2024.5
ISBN 978-7-5136-7753-0

Ⅰ.①秒… Ⅱ.①黄…②季… Ⅲ.①房地产业－交易－中国 Ⅳ.① F299.233.5

中国国家版本馆CIP数据核字（2024）第089408号

责任编辑　丁　楠
责任印制　马小宾
封面设计　久品轩

出版发行　中国经济出版社
印 刷 者　北京富泰印刷有限责任公司
经 销 者　各地新华书店
开　　本　880mm×1230mm　1/32
印　　张　8.75
字　　数　198千字
版　　次　2024年5月第1版
印　　次　2024年5月第1次
定　　价　68.00元
广告经营许可证　京西工商广字第8179号

中国经济出版社 网址 http://epc.sinopec.com/epc/ 社址 北京市东城区安定门外大街58号 邮编100011
本版图书如存在印装质量问题，请与本社销售中心联系调换（联系电话：010-57512564）

版权所有　盗版必究（举报电话：010-57512600）
国家版权局反盗版举报中心（举报电话：12390）　服务热线：010-57512564

推荐序一

《秒卖：写给业主的 36 个卖房大法》以独特的视角和全面的内容，为广大业主们提供了极具价值的卖房指南。

在房产交易这个复杂且多变的市场中，数据的重要性不言而喻。本书非常重视数据调研，强调在数据的基础上理性地做出卖房决策。这种科学、客观的态度，正是现代卖房所必须具备的。

作为冰山指数创始人，我非常感谢本书将冰山指数在市场调研中的应用介绍给业主们。作为一款优秀的房产数据工具，冰山指数能够为业主们提供全面、准确的市场数据，帮助其在卖房过程中做出更为明智的决策。通过冰山指数，业主们可以深入了解市场动态，把握房价走势，从而制定更为合理的卖房策略。

此外，本书还从多个角度总结了卖房全流程的操作重点，具有很强的实操性。无论是房源的定价、推广，还是与买家的沟通、谈判，书中都给出了详尽的指导和建议。这些实用的方法和技巧，不仅能够帮助业主们顺利卖出房产，还能够让其在卖房过程中少走弯路，节省时间和精力。

我强烈推荐广大业主们阅读这本书，相信它会成为您卖房路上的得力助手。

冰山指数创始人：李彦国（蝈蝈）

推荐序二

在一个挂牌房源远超买家数量的市场，这样一本"卖房的36个大法"绝对是正在挂牌销售房产的每位业主的必看啊。不得不佩服季老湿和他的团队的敏锐洞察，这本书其实已经筹划了很久，里面的真实案例都是长时间积累下来的，所以这绝对不仅仅是一本"应景之作"，而是一本"卖房功法大全"。

我认识季老湿也已经快10年了，最早因季老湿在房地产业内不断推出精彩案例的《丑房焕新》而结识。那时市场中不少人还在热衷于买房卖房赚差价，而对于让本来破破烂烂甚至还有硬伤的房子变得完全认不出来，并且用很高的溢价出租出去这种新模式我也是从用户那边听到的，于是就联系了季老湿团队，没想到他居然也在上海，所以就很快约了见面。我还记得当时是在徐汇区的一个极其精致的中式茶室，在潺潺的水声和袅袅腾起的水汽伴随下，我和季老湿对房地产的发展聊了许久……

一晃很多年过去了，季老湿也移居东京。虽然我们平时联系有限，但是我还是可以从视频号和朋友圈时不时看到季老湿的消息，2022年联系的时候，季老湿在东京也已经改造了百余套房子，果然，厉害的人到哪里都厉害。

说回本书，能够很清楚地感受到季老湿一贯的风格。

（1）绝对能看懂。

有些人因此说季老湿"不算专业"，这里我要以业内和专业人士的角度帮大家科普一下：说些高大上的专业术语或者高深的理论知识的"专家"不少见,但是能够摒弃这些而从普通人的角度告诉大家什么是对的/怎么样是好的才是"真把式"。

(2)绝对有丰富的真实案例。

我能和季老湿保持互动,得益于我们都有一个共同的爱好或者工作习惯,就是收集信息。我会收集所有跟房产相关的数据,然后用模型和算法不断想办法找出数据背后隐藏的市场真相。季老湿会把他和团队做过的每一个案例制作成专业的结案报告,这些结案报告是大家都可以调取和查看的,随着时间和地域的拓展,案例就越来越丰富。从这些案例中,季老湿总结出了第一手的房屋改造和如何挂牌销售的经验和技巧,这个绝对算得上是"超级干货"。

(3)绝对手把手教你实操。

改造的方法到底用哪一种,房子里到底要不要绿植,怎么拍照房子才显得好看……说是36个大法,其实文字里面还有很多操作的小技巧。正因为季老湿是一个极其细致和注重实操的人,所以他的文章和案例需要多读几遍,因为往往是遇到问题的时候再去翻季老湿的书,才发现原来书里都提到了应对这些问题或者避免问题发生的方法呢。

将本书推荐给需要卖房或者干脆改造了出租不卖的,又或是季老湿书里写到的边租边卖的业主们。本书一定能给你带来帮助,也恭喜季老湿和他的团队,出了一本实用和值得一看再看的畅销书。

兔博士创始人:刘煜

推荐序三

过去即便是普通人，也可能买两套房，现在很多人想卖房，却发现特别难。大多数人都是把房子往中介公司挂牌了事，却迟迟不能成交。我们很多人一辈子最大的财富就是房子，想卖房，干嘛不看看有经验的人是怎样做的？季老湿团队的新书案例丰富，都是踩了各种坑的业主卖房经验的总结，你看了，也许能少走一点弯路。

秋叶品牌、秋叶 PPT 创始人：秋叶

序　言

- 缘起

过去 10 多年来，我一直从事旧房改造业务，帮助我的客户们通过改造房屋实现租售溢价。在过去房地产市场火热的年代，大量的人参与了房产投资，买入各种房产，自然也产生了通过改造房屋提升租售溢价的需求。客户的需求滚滚而来，我顺势而为，创立了"焕新研"团队、699 社群，开办了租售溢价改造产品经理的公益培训班，培养了大批产品经理。"季老湿和他的小伙伴们"一起为客户们提供租售溢价改造服务，聚焦高端租赁领域，迄今为止已服务数千名客户，收获了良好的口碑。

一般我的客户在房子租出去或卖掉以后都会给我报个喜，其中有一些客户在房子租赁一段时间以后，再把房子卖掉，然后也给我报个喜。我注意到他们的房子大多数卖得还不错。但近三年，我过去的改造客户不断有人找回来说："季老湿，我房子要卖了，你能不能帮我出个主意？"或者直接说："季老湿，你能不能帮我卖一下房子？"作为一个房产老兵，我买卖过很多套自己的房子，但是还没有帮别人卖过房子。我敏锐地感觉到：现在卖房不再容易了！

- 当卖房不再容易

卖房难，难卖房，这是近年来业主们的普遍感受。在过去的20多年里，我们经历了一轮波澜壮阔的房地产大牛市。在楼市上涨的时期，卖房似乎并不是一件困难的事情，我们只需要在中介挂牌，然后守株待兔，房屋就能顺利售出。现在，楼市进入了"房住不炒"的新时期，大家可能已经明显感受到卖房变得越来越难。特别是在房地产市场下行阶段，在非一线城市，二手房挂牌数量巨大，卖房难度增加。在这样的市场环境下，我们原先那种佛系的卖房方式可能会使销售周期拉长，甚至根本就卖不出去！

- 同频共振，群策群力

为了应对卖房难这一挑战，业主们需要开动脑筋，思考如何使房屋更快或更好地出售。在过去的三年里，每周日上午8点，在黄海老师的主持下，季老湿团队的小伙伴们都会开会交流全国各地的卖房故事，以及我们改造和代售业务的推进情况。这样的会通常一开就是一上午。我们从全国卖房案例中总结出通用的策略心法，不知不觉竟然沉淀了众多实战的卖房大法。卖房的智慧来源于广大业主朋友，每一个卖房大法背后都是一个真实鲜活的案例。我们不是这些卖房大法的发明者，只是归纳总结者。

- 手心向下，利他解脱

在做代售业务的过程中，我们深深感受到全国各地客户的殷切希望，但是限于团队的规模和能力，我们只能服务北京、上海、广州、深圳、成都、重庆、武汉、南京等几个有限的城市。我们699社群的价值观是"手心向下，利他解脱"，所以我们没有敝帚自珍，而是将精选出来的36个卖房大法编撰成册，以飨读者，希望它能够帮助到全国有卖房需求的广大读者。随着卖房案例的不断积累，我们也将不断总结更多的卖房大法，并不断再版本书。

- 如何正确使用本书

需要注意的是，卖房大法是一个庞大的话题，各种法门千变万化，每一个卖房大法都有其适用的条件和优缺点。在我们卖房的过程中，并非简单使用某一个大法就能"包治百病"。我们对读者的建议是，根据自己房子的实际情况，在产品篇、运营篇、策略篇中分别抓取几个卖房大法组合使用，就像开中药时，用各种各样的草药组合成一个药方一样。

某些大法可能看起来匪夷所思，但不要怀疑，每一个都是前人用过亲测有效的。本书付梓之前，刚好我们的代售客户有一套东莞的房子卖掉了。这套房子位于东莞非核心区域的一个大型次新小区，同小区竞品非常多，周边还有新盘竞争。我们的房子是普通简装房，没有做大的改造，只是"洗了把脸"，房型也只是 70 多平方米的两房，面对 80 多平方米的小三房竞争，其实没有太大优势。但是我们采用的"药方组合"里面有一味"邻里大法"，最后的买家果然是同小区的邻居，买给自己父母住，追求"一碗汤"的距离。

● 公益培训

我们于 2013 年创立了 699 社群，在这里同学和老师一起互动成长，共同完成实践案例和体验手把手式教学，同时实现生产效率和经济效益的提升。

为了帮助更多的同学成长，699 社群的各位老师在大量成功卖房案例的基础上开创了若干课程班，比如卖房·策略班、卖房·高端租赁班、卖房·接口班、卖房·改造班、卖房·自媒体班、卖房·创业班等。

如果大家对租售改造、售前美化、卖房实操有疑问，或者在实际操作中遇到困难，欢迎联系我们。我们提供相关的租售改造、售前美化以及代售服务，并且可以为大家提供免费的咨询服务。我们社群还开设了大量的房产运营方面的公益课程，大家可以参与进来自学成才。我们期待与大家共同探讨解决租售改造和卖房过程中的问题。

序言

- 鸣谢

本书的成功出版，离不开699社群出版物负责人魔女喵喵老师、中国经济出版社丁楠老师的支持和不断鞭策。经过12个月的精心策划，我们终于将最受同学和老师们欢迎的、最具实战落地性的36个卖房大法，搭配"焕新研"团队在全国各地改造房子的美图公之于众。本书的大部分内容来源于我们每周日上午例会的会议记录，在本书编撰过程中有如下699社群的同学参与了文字整理和编写工作，在此一并鸣谢：Andy、冰冰、成海萍、常晓晨、楚自云、国轩、姜舒玥、姬飞龙、刘惠斌、魔女喵喵、巧巧、王丽君、朱俊波、张馨允、周寓静（排名不分先后）。

期待大家读完这本书后，来我们公众号（微信搜索"季老湿和他的小伙伴们"）投稿报喜，把成功的经验分享给更多卖房人！

季老湿
2024年4月

目 录
CONTENTS

第 1 章 产品篇

① 改造大法：要卖的房子为什么还要改造 / 003
② 洗脸大法：给出嫁的房子画淡妆，做好这点胜过 90% 的业主 / 023
③ 安心大法：如何让买家相信你的房子不是"串串房" / 035
④ 归零大法：二手房变身毛坯"新房"竟然也能速售 / 040
⑤ 贴膜大法：多快好省实现翻新出售 / 048
⑥ 绿植大法：室内绿化是最便宜的装修 / 053
⑦ 户外大法：好景观就像聚宝盆 / 062
⑧ 拍照大法：如何拍摄卖房宣传照 / 080
⑨ 对角线大法：如何使出售房屋显大 / 087
⑩ 摆场大法：打造买家向往的生活方式 / 093

第 2 章 运营篇

⑪ 代理大法：业主需要"自己人"，帮你规避"卖房坑" / 107
⑫ 接口大法：边做民宿边卖房 / 114
⑬ 寄居蟹大法：自住也不耽误卖房 / 124
⑭ 长租大法：房子能边租边卖吗 / 130

⑮ 带看跟进大法：为什么带看后就没信儿了 / 134

⑯ 邻里大法：兔子专吃窝边草，买家就在你身边 / 139

⑰ 独家代理大法：独家代理，调动经纪人的积极性 / 144

⑱ 首客成交大法：不要错过第一个出价的诚意买家 / 147

⑲ 下架大法：卖房要避免视觉疲劳 / 151

⑳ 涨价大法：低价挂牌，在哄抢中涨价售出 / 154

㉑ 小红书大法：1 万人围观我在小红书卖房 / 159

㉒ 念念不忘大法：显化你的卖房愿望 / 171

㉓ 开放日大法：二手房也有开盘仪式 / 186

第 3 章 策略篇

㉔ 高佣大法：如何提高房产经纪人积极性 / 191

㉕ 估值大法：亮出你的投资回报率，用估值吸引买家 / 195

㉖ 捆绑大法：手拉手成交妙招 / 204

㉗ 意向金大法：不想白跑一趟的话，用钱锁定买家 / 213

㉘ VR 大法：不想花钱改造怎么办 / 215

㉙ 挂画大法：低配版 VR 大法 / 221

㉚ 电梯大法：步梯顶楼的终极解决方案 / 224

㉛ 市调大法：如何做卖房市场调研 / 232

㉜ 定价大法：怎么预估成交价区间和确定挂牌价 / 241

㉝ 干粮大法：上桌谈判如何保持精力旺盛 / 251

㉞ 旁证大法：王婆卖瓜别人夸 / 255

㉟ 扫地机大法：如何做好带看期间的房屋保洁 / 258

㊱ 谈判大法：谈判桌上如何周旋 / 260

第 1 章

产 品 篇

1 改造大法：要卖的房子为什么还要改造

改造还是直接卖？这个问题困扰着许多准备将房产挂牌出售的业主。要回答这个问题，不是一两句话就能说清楚的。本文虽名为改造大法，但要谈的不是设计施工和物料采购的具体细节和技法，而是希望能帮助业主们厘清下面一系列问题。

（1）要卖的房子为什么要改造？

（2）改造的方式有哪些？各有什么优缺点？

（3）改造房子要花费多少？

（4）如果不想花钱，可否将房子交给装修代售公司？

（5）改造后出售溢价是多少？

（6）如何决定改造投入和改造方式？

（7）什么时候开始改造？

（8）租售溢价改造的设计原则是什么？

（9）改造大法的底层逻辑是什么？

只有弄清楚以上问题，才能决定拟售房屋是先改造还是直接卖。

1. 要卖的房子为什么要改造

问一下开发商就知道，即使卖的是毛坯房，开发商也是要打造样板房的。样板房就是一个销售工具，通过打造实物场景展示美好生活的愿景，从而促进销售。

那么，普通人卖二手房也要打造样板房吗？以前房价隔三差五就大涨一波，房子好卖，确实大部分人就直接卖了，不会去费心费力改造房子，但是现在房子不那么好卖了。以前也许房子一时卖不掉，等上三五年肯定能卖掉，但是现在很多房子等上三五年也卖不掉，房价甚至还会下跌。

从过去 20 年的房地产大牛市走到今天"房住不炒"的时代，大家要清楚地认识到，波澜壮阔的普涨大牛市已经是过去式了，脉冲上涨和分化上涨才是新常态。除了极优质稀缺的房子，大部分房子面临在平衡市、静淡市甚至下跌市难以出售的问题。在销售速度上，平衡市和静淡市的二手房销售时间在半年以上是常态，很多房子挂牌一年也无人问津。很多城市的二手房还面临着与大量一手新房竞争的局面。

正是因为二手房难卖了，所以市场上出现了将房子改造翻新后出售的做法，尤其在基础房价比较高的一线城市，改造后出售的做法大行其道，甚至还出现了一个新的行当——"装修代售"。无论是大型中介旗下的"正规军"，还是多如牛毛的"游击队"，都在做"装修代售"业务。

经过专业团队精心设计和改造的房子具有更合理的空间格局和更高的颜值，展现了美好的生活场景，并具有所见即所得、拎包可入住的便利，可以在大量同质化竞品中脱颖而出，从而获得出售溢价或加快销售速度。通常流动性好、无硬伤的房子改造后获得出售溢价的可能性高，而流动性差、有硬伤的房子改造后可能只是打平改造成本，但房子出售更容易、速度更快，可以达到盘活劣质资产的目的。

改造的好处其实大家也清楚，但是大家最担心的问题是：改造花费是否在出售的时候有溢价？会不会花了钱去改造，卖的时候反而亏掉了装修本钱？要回答这些问题，我们首先要说明一下改造的方式和改造的花费。

2. 改造的方式及各自优缺点

改造的方式包括全面改造、局部改造、软装改造和洗脸改造四种。

全面改造：指将房子拆除成毛坯，然后重新装修的改造方式。

局部改造：指在不改变房子空间格局或不重排水电路的前提下，只局部翻新厨房和卫生间，客厅和卧室只做墙面刷漆、地面翻新和软装搭配的改造方式。

软装改造：指在硬装基底较好的房子里仅做墙面刷漆和软装搭配的改造方式。

洗脸改造：指不对房子做大的改造，仅做修缮和深度保洁的改造方式。本书另有"洗脸大法"一节专门讲述这种改造方式，在此不再赘述。

全面改造的优点很多：一是颜值高、效果好，可以追求一定的装修溢价；二是运营手段可以多样化，带看量大，有利于速售；三是可以改动空间格局，弥补房型硬伤，增加卖点；四是行情不好时可以租售并举以待天时。全面改造的缺点是前期改造投入比较大。另外，全面改造施工工期比较长，如果出售前才做全面改造，3个月后可能会错失出售窗口期。

局部改造和软装改造的优点是花费较少，为全面改造的1/3~2/3，施工周期也较短，只要2~6周。如果基础装修底子比较好的话，局部改造和软装改造不失为事半功倍的改造方式。其缺点是改造后整体效果弱于全面改造，特别是厨房和卫生间，如果房子基础装修底子差的话，容易让人发现不是彻底改造的。如果对开发商统一精装修交付的次新楼盘仅做局部改造和软装改造，在基础硬装和设施上不能和一众竞品拉开距离，仅靠软装颜值无法得到很好的装修溢价，但是增加带看量、加快销售速度的功效还是有的。

洗脸改造的优点是改造花费最少、时间最短；缺点是只修缮和深度保洁，颜值改观不大，不能产生装修溢价。洗脸改造的房子跟竞品还是要拼性价比，竞品价格"跳水"的话，洗脸改造的房子也得跟着跳。另外，洗脸改造的房子只能空关出售，不能租售并举。

3. 改造的花费

以出售为目的的改造不同于自住改造（有多少钱办多少事，自己开心就好），如果投入不足则品质较差，达不到溢价效果，但也不是投入越高越好，过度投入则溢价效率降低。如下图所示，投入

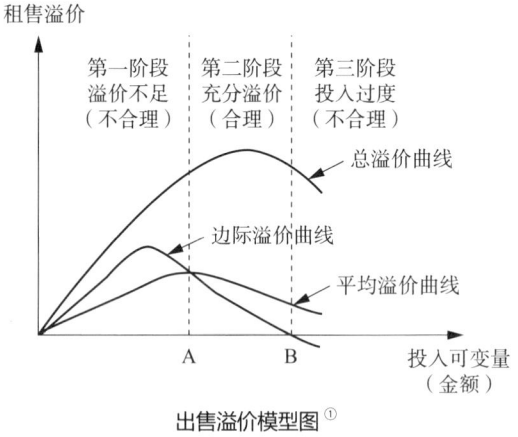

出售溢价模型图①

---

① 该图出自《丑房焕新》。

位于充分溢价阶段最佳。

那充分溢价阶段该投入多少？我们多年实践得出的结论是需要达到高端租赁投入标准。高端租赁投入标准指软装家具仅配置主卧和客餐厅，其余房间除配置窗帘和主灯以外一律空置，生活电器配齐，达到拎包入住标准。正常情况下，面积 90~150 平方米的房子全面改造花费标准如下：

超一线城市北京、上海、广州、深圳为 2000~2400 元 / 平方米。

多数新一线城市（成都、重庆、武汉、长沙、南京等）为 1700~2100 元 / 平方米。

贵阳、沈阳等二线城市为 1500~1800 元 / 平方米。

如果房子面积特别小，比如 60 平方米以下，厨房和卫生间的成本占比较大，花费会上升到 2500~3000 元 / 平方米。

如果是做局部改造，则改造花费约为全面改造的 1/2~2/3。

如果是做软装改造，则改造花费约为全面改造的 1/4~1/3。

需特别注意的是，由于装修的人工和材料成本在逐年上升，改造花费标准也会逐年提高。本书编撰时间是在 2024 年，读者应注意阅读时间与本书编撰时间的差距，酌情考虑改造花费或联系我们获得最新的信息。

另外，市面上存在大量的出租房简装标准，虽然改造投入小，但是出售溢价效果是没有的。如果买家买下一套房子后还需要重新装修，那么在其眼里这些所谓的简装是没有价值的。

材料采购上需要注意的是，在主材上面的改造（例如瓷砖、地板、门窗、橱柜、五金洁具等）不能使用著名品牌，可以是小品牌，但是质量需满足家装标准。电器不能使用进口豪华品牌，采用国产一线品牌入门款即可。预算分配上大概的比例是硬装半包费用占 1/3，主材费用占 1/3，软装家具家电费用占 1/3。

4. 可否将房子交给装修代售公司

很多业主在卖房的时候可能手头资金比较紧张又急需用钱，或者在观念上难以接受投入那么多钱去改造房子，但是自己的房子状况确实比较差，很难卖，那么可否将房子交给装修代售公司出售呢？

现实是装修代售公司不是所有房子都收的。他们倾向于收流动性好且无硬伤的房子，而不会收有硬伤的房子，比如步梯顶楼、临马路有噪声或者偏远冷门的房子。

最重要的一点是，装修代售公司不会收价格高的房子。如果将房子交给装修代售公司，业主就要跟他们激烈博弈到手价格。装修代售公司如果垫资装修是有很大风险的，所以他们一定要留有安全的利润空间，因此业主能否接受他们的评估价也是一个问题。另外，那些硬伤房还是得业主自己想办法。

5. 改造后的出售溢价

改造后出售溢价有多少是业主最关心的问题，这里我们首先要指出，溢价比较是以同小区、同时期、同类房的市场成交价为基础的。对于成交活跃、成交量大的小区，同时期、同类房的市场成交价比较容易获取。对于一些成交量稀少且近期无成交记录的小区，就需要参考附近小区的同时期、同类房的市场成交价。此外，一些比较特殊的房子，比如成交量稀少的大面积顶复、底跃、一复地或者历史保护建筑等估价比较困难，需要做大量的市场调研，并咨询专业评估机构来得出结论。根据我们的案例经验，经过我们全面改造的房子会获得 5%~10% 的出售溢价，详见下表列举的部分案例。

1 改造大法：要卖的房子为什么还要改造

季老湿团队部分出售案例表

序号	项目名称	面积（平方米）	房型	售价（万元）	出售时间	销售周期（天）	同期同类房售价（万元）	溢价金额（万元）	溢价率（%）	售前运营时间	运营收益（万元）	改造花费（万元）
1	上海市凤城二村110号（步梯底楼）	67.00	2室1厅1卫	385	2017年4月	20	345	40	11.6	立即出售	0.0	全改12
2	北京珠江罗马嘉园	187.00	4室2厅2卫	1070	2019年10月	45	1040	30	2.9	6个月	6.0	软改10
3	重庆招商锦星汇	60.00	2室1厅2卫	121	2019年11月	58	115	6	5.2	16个月	4.0	全改13
4	烟台市芝罘区迎春巷	57.00	2室1厅1卫	78	2020年6月	33	65	13	20.0	立即出售	0.0	全改12
5	上海浦东西营路170弄5号（步梯顶楼）	56.56	2室1厅1卫	285	2020年6月	60	258	27	10.5	立即出售	0.0	全改13
6	杭州临安越秀星汇城	89.00	3室2厅2卫	182.5	2020年6月	28	170	12.5	7.4	12个月	7.0	全改16
7	重庆国盛三千城	65.00	2室1厅1卫	89	2020年7月	60	77	12	15.6	立即出售	0.0	全改11

续表

序号	项目名称	面积（平方米）	房型	售价（万元）	出售时间	销售周期（天）	同期同类房售价（万元）	溢价金额（万元）	溢价率（%）	售前运营时间	运营收益（万元）	改造花费（万元）
8	重庆融景城	144.00	3室2厅2卫	255	2020年8月	120	236	19	8.1	3年	23.0	全改23
9	上海阜新路184弄（步梯底楼）	37.40	1室1厅1卫	280	2020年9月	1	254	26	10.2	6个月	4.0	全改12
10	北京中海枫涟小区	88.00	2室2厅1卫	890	2021年3月	7	850	40	4.7	立即出售	0.0	软改8
11	上海水产西路489弄	118.00	3室2厅2卫	467	2021年4月	45	434	33	7.6	立即出售	0.0	全改20
12	上海罗阳路莲花苑（步梯5复6）	137.00	3室2厅2卫	740	2021年6月	1	685	55	8.0	立即出售	0.0	全改27
13	上海盈中新村34号（底楼带院子）	61.00	3室1厅1卫	250	2021年12月	15	190	60	31.6	立即出售	0.0	全改19
14	青岛新贵都小区（步梯6复7）	184.8	5室3厅3卫	612	2022年4月	7	560	52	9.3	立即出售	0.0	全改40

以上所有案例的详细介绍请读者自行扫描正文后的二维码阅读。

上表的 14 个案例中有 5 个在售前做了民宿或长租运营并收获了运营收益，这在我们出售过程中是一种常见的操作方法，我们称之为"接口大法"。"接口大法"在后面有单独一节讲解，在此不再赘述。

需要特别说明的是，以上所说的 5%~10% 溢价率是包含了改造成本的，改造溢价净利润需要扣除改造成本。另外，上表中均是经过全面改造或软装改造的房子，所以溢价对比的房源应该是精装房而不是毛坯房。例如案例 3，重庆招商锦星汇是一套 2017 年 10 月交房的次新房，2018 年初经过季老湿团队改造后做民宿运营一直到 2019 年 11 月底挂牌出售。同小区、同时期、同类成交价 115 万元的房子是重庆本地人自住精修的房子，当时还有大量同房型毛坯房出售，当时毛坯房成交价为 100 万元左右。招商锦星汇房子的改造成本为 13 万元，假定是 2019 年改造后马上出售，以毛坯房成交价 100 万元为基础，加上改造成本总计 113 万元，最终出售价为 121 万元，改造溢价净利润为 8 万元。对比同时期小区精装竞品成交价 115 万元，多卖了 6 万元。

关于出售改造溢价率区间 5%~10%，需要做以下几点说明。

（1）这里说的 5%~10% 的溢价率是在一定房屋总价和面积区间的统计规律，大家在应用时不要简单化地乘以一个百分比，还需要注意评估溢价金额的绝对值是否合理。因为买家也会去评估你房子的装修价值，比如买家会用买一套同等条件但装修很差的房子然后重新装修的总成本来对比你装修好的房子是否划算。所以装修溢价率的评估需要有一定的装修经验和溢价出售实操经验。

（2）在成交活跃的小区，有大量近期成交价可供参考，在买卖双方反复博弈下的价格相对坚实，"水分"较少。在有大量毛坯房成交的次新小区，有毛坯房成交价作为参考，估计改造成本比较容易。这样的小区改造溢价率会偏低，比如案例3的重庆招商锦星汇。

（3）在出售面积单价和总价双高的小区，比如房屋售价达到800万元以上，如果没有其他稀缺性加持，改造溢价率会偏低。例如案例10的北京中海枫涟小区。出售面积单价和总价双高意味着小面积的房子总价也很高，本案例房屋面积88平方米，最终以890万元出售，同时期、同类房售价为850万元。一套88平方米的房子想要实现溢价10%，若无其他稀缺性加持，很难让人相信装修费用能达到85万元。

（4）在总价很低的小区，由于改造成本占出售价格的比例高，溢价率会偏高甚至超过10%，例如案例4和案例7就是这种情况，但这种情况并不意味着改造溢价净利润会很高，两个案例均是保本小赚而已。另外案例4是烟台的老破小硬伤房，案例7是重庆的次新毛坯底楼且光线被遮挡的硬伤房。两套房子如果不改造都很难卖，改造后才能在短时间内顺利售出。虽然从溢价角度看是保本微赚，但从流动性角度看，改造大大增加了流动性，把卖不掉的硬伤房迅速卖掉从而达到盘活劣质资产的目的。

（5）在成交稀少、市场成交价难以捉摸、价格不透明的小区，有机会获得较高的改造溢价率。案例12、案例13、案例14都是这种情况。其中案例13的房子除了底楼带院子，还具有硬伤修复和总价低的特点。

（6）软装改造或局部改造的房子溢价效果不如全面改造，特别是开发商精装交付小区由于硬装基底一致、硬件设施一致，仅靠软装提升颜值，溢价率会偏低。例如案例2，本案例还叠加高总价因素，故溢价率仅有2.9%。但是软装改造和局部改造由于改造投入小、工期短，即使溢价率不高，从投资回报率角度看也可能更合适。

6. 如何决定改造投入和改造方式

这个问题我们大体上可以从以下三个方面来考虑。

（1）改造成本和房屋售价的比值（以下简称"改造成本占比"）。

（2）是急售还是缓售。

（3）原始屋况好坏。

由前文可知，经过改造的房屋出售会有5%~10%的溢价率空间，这个溢价率空间是包含改造成本的，所以改造成本占房屋出售价格的比例越低越好。在改造成本上，家装材料、家具家电等价格全国差距不大，人工费用各地会有差距，综合改造成本一线城市与二三线城市差距不会超过30%，但是一线城市与二三线城市的房价相差巨大。例如在上海、武汉、重庆三个城市，同样一套100平方米的房子，改造成本均为20万元，而房屋售价为上海600万元、武汉300万元、重庆150万元，改造成本占比分别为3.3%、6.7%、13.3%，如果改造后马上出售，上海的风险最小，重庆的风险最高。

目前，一线城市由于房价高昂，改造成本占比一般在5%以内，所以获得出售改造溢价的可能性很高，亏掉改造本钱的风险很小。具体可见下图。

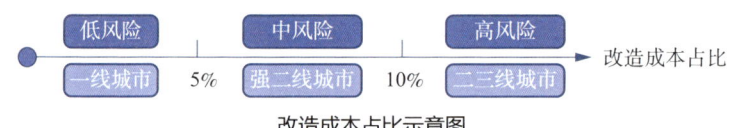

改造成本占比示意图

是不是二三线城市因为改造成本占比高、风险大就不能改造了呢？其实风险可以通过拉长持有时间来化解，这就要考虑是否急售。

二三线城市在改造后马上出售当然风险高，但如果不是急售而是在出售前做长租或民宿的运营，收回部分或全部改造成本之后再出售，风险就大大降低了。例如案例 8，房子在出售前经过了 3 年时间的长租和民宿运营已经完全收回改造成本，同时这 3 年内重庆的房价也有很大涨幅，所以在这个案例中，所谓对比同时期、同类房售价的改造溢价 19 万元只是业主卖掉这套房子获得总利润的零头。

最后，原始屋况好坏决定了我们的改造方式是全面改造还是局部改造或软装改造。为了便于读者选定改造方式，这里提供一个四象限分析法，如下图所示。这里定义全面改造为大改，软装改造和局部改造为中改，洗脸改造为小改。

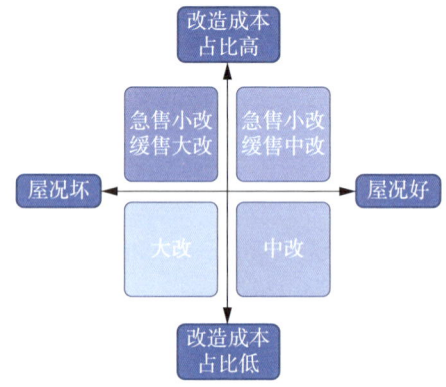

改造方式四象限分析法

7. 何时开始改造

上一部分我们谈到可通过拉长持有时间来化解改造成本占比高的风险，所以自然是越早改造越好，最好是房子买下就开始改造。可惜绝大多数人没有认识到这个问题，都是先原样挂牌卖，发现不好卖了才考虑是不是要改造。如果房子好卖，自然也不会考虑改造的事。我们历来不建议房子在改造后马上出售，因为这样做有以下缺点。

（1）改造后立即出售，改造成本是锁死的，出售溢价必须覆盖改造成本，不然就白折腾了，这也是大多数业主最担心的问题。毕竟除了增加流动性，大多数业主还是希望能有点溢价。

（2）一般全面改造需要3~4个月，改造期间有可能遇到短期市场下行风险，比如改造后发现有低价成交记录，或者有低价挂牌竞品出来。如果拉长持有时间，就可以将这些短期市场风险过滤掉。

（3）改造后立即出售，有可能错过出售窗口期。比如看到市场回暖了开始改造，3个月后发现市场又不行了。在现在"房住不炒"的大形势下，出售窗口期都是短暂的，比如3个月左右。长期上涨势头必遭打压，短暂的出售机会只会给有准备的人。这里建议大家如果有出售房子的打算，应尽早启动改造，不要去预测出售窗口期。早点改造好房子，使之处于良好的可售状态，机会来了即可一击而中。

在持有阶段，可以做民宿待售，也可以做长租待售。大家一定会问：做民宿或长租能方便带看出售吗？这个问题我们会在后面的"接口大法"一节中详述，具体操作技术在此不再赘述。

8. 租售溢价改造的设计原则

租售溢价改造设计和自住设计完全不同。自住设计以满足自住需求为主，预算有多少就办多少事。租售溢价改造设计则必须在严格的预算框架内做，就是前面所说的投入需达到充分溢价阶段。

租售溢价改造的设计原则简单来说就是："设计风格让 80% 的人看了都喜欢，放 10 年也不过时。"自住设计是为了满足自己的个性需求，自己开心就好；而租售设计要受众广，要男女通吃、老少咸宜，让 80% 的人都喜欢。有的房子要放很久之后才能出售，所以设计风格要经典耐看，这样的设计风格简单说就是"现代简约，精致时尚"，而不能以简单的北欧风、极简风、轻奢风或某某风来论。我们的设计风格发轫于上海高端租赁改造设计，经过十几年的不断迭代，在市场中不断试错调整而形成，是经过市场检验的富有竞争力的设计风格。历年来应用于出售市场，取得了不错的成绩。

租售改造设计还有一个原则就是"带看空间显大"。自住一般会填满房屋，租售讲究留白。租售的房子一般只配置主卧和客餐厅的软装家具，其余的房间空置，因为租售的房子无法预测买家的个性需求。比如一套三居室，有两个小孩的家庭会把两个小房间全部配置成卧室，而只有一个小孩的家庭可能会把其中一个小房间配置成书房。主卧和客餐厅的功能是确定的，无论什么样的人来买房子，主卧就是要放床，客餐厅就是要放沙发和餐桌，所以租售的房子除主卧以外的房间留白会给买家一些想象空间。同时，这样改造在带看时会显得房间很大，这一点也很重要。有一些紧凑型的小三居，小房间如果按自住的套路做榻榻米会显得房间更小，而且买家也不一定会喜欢，所以不如留白。

一般专注于自住家装的设计师很难把握好租售设计的要领，而且没有时间和机会去试错，没有办法去测试中古风和轻奢风哪个更好卖，所以租售溢价改造设计需要专业的懂得租售市场并具有产品思维的设计师来做。普通人没有必要尝试，想要吃口猪肉不一定要学会养猪，专业的事交给专业的人来做就好了。

9. 改造大法的底层逻辑

一套房子成功出售，有以下三大要素。

（1）产品打造。

（2）渠道运营。

（3）销售策略。

如果满分是100分，那么产品打造占70分，渠道运营占20分，销售策略占10分。改造大法是为了解决占比最大的产品打造问题。通常一套房子的外部条件比如地段、学区、楼层等是确定的，无法改变。我们能改变的只是房子的室内空间功能格局和颜值，从而对外部条件好的房子锦上添花（获得溢价），对有硬伤的房子雪中送炭（增加流动性）。至于渠道运营，如果不能让房产中介们刻骨铭心地记住你的房子，他们是不会优先推荐你的房子的。打造高颜值产品可以让渠道运营事半功倍，这里推荐大家阅读公众号"季老湿和他的小伙伴们"上的一篇文章《买卖溢价的运营和成功秘诀》，以便更加深入地理解这个问题。

从出售溢价角度看，如果排除稀缺性等因素，单论改造溢价，其来源有以下三点。

（1）改造成本的超估。普通人如果对装修没有太多经验的话，作为一个自住零售客户到市场上咨询得到的价格通常是偏高的。例如上海一套 100 平方米的房子按照租售标准改造预计花 20 万元，而一个自住客户自己改造的话花 30 万元也很正常，这里多出来的 10 万元就成为改造溢价的一部分了。

（2）时间精力成本的折现。一套可以拎包入住的房子能节约买家 3~4 个月的改造时间，从挂牌带看到整个交易流程走完，装修味道也散得差不多了。这样做对于买家来说省时省力，特别是对于工作繁忙人士或装修小白是很有吸引力的。因此，节约的时间精力成本的折现也是改造溢价的一部分。

（3）感性冲动溢价。俗话说"千金难买心头好"，一套漂亮的房子惹人爱，看对眼了，无论如何都不愿意放下。这样的感性冲动买单在高端租赁领域是非常常见的，而在房产买卖这样的大额消费领域，虽然通常人们会更加理性，但是感性冲动买单也是屡见不鲜的。例如上表中的案例 9 上海阜新路 184 弄和案例 12 上海罗阳路莲花苑的房子均是开放带看当日下定，一日秒售。

我们打造的房子通常是实景比照片更好看，一定要做到让来看房的人瞬间"宕机"。人基本上都是在这个"宕机"的时候决定刷卡的。在某种意义上，客户买的不是房子，而是梦想的生活方式。

从方法论角度，我们提倡从终点看起点，由整体看局部。这一点对于投资购房者尤为重要。很多投资者买房的时候会左思右想，但对如何卖房基本没有想法，对持有期间的租赁运营也不清楚如何运作。这里我们建议大家在买入一套房子之前就要想象 N 年以后卖出这套房子的时候该怎么办。

举例说明一下从终点看起点的方法论。上表中的案例 3 重庆招商锦星汇是笔者自己买的一套房子。它是一套 60 平方米的小复式，楼上和楼下有条件拆成两套独立的房子。当年笔者去重庆收房的时候，很多托管公司推荐一套改两套的双配方案，理由是双配租金能够收高一点。幸好笔者当时咨询了季老湿，他一句话就点醒了笔者："你以后卖的时候再把两套砸回一套吗？"站在出售的终点看改造的起点，不言而喻，肯定是做一套整租更合适。后来这套房子做民宿运营，卖房时带看也比长租更灵活。

再说明一下从整体看局部的方法。从房产投资的整体而言，投资者挣的是房产上涨带来的大额收益。在国内一线城市，大部分房子的租售比是很低的，租金的年化收益率约为 1.5%，即使乐观地说通过改造能将租金翻倍，租金的年化收益率也不过 3%，这样的收益存银行定期也可能达到。在二三线城市，租金收益率可能比一线城市稍高，但是租金的绝对值是低的，通过租金收回改造成本的周期会比一线城市长一些。所以，对于国内大多数房子来说，买房挣租金是伪命题。那么，是不是我们改造房子提升租金收益也是瞎折腾呢？季老湿在公众号上的一篇万字雄文《租金总和不到买卖溢价一个零头，空关才是正解吗？》论述了这个问题。如果我们只盯着租金收益低这个局部，而不看到买卖溢价这个整体，得出的结论自然是"空关价更高"，这也是某些房产大 V 的论调，仿佛房产投资只有买入卖出两件事，那如何熬过中间的持有阶段呢？

这里再以重庆招商锦星汇为例。笔者收房后在 2018 年初交给季老湿团队改造，当时花了 13 万元，由于是小复式，费用比平层要高，民宿运营一共收回 4 万元，月均达 2500 元。如果完全收回成本要 4 年多，从这个局部租金收益角度看，很多人认为改造不值得。但是当 2019 年 9 月笔者开始民宿创业，决定出售此房换回创业资金时，只花了 58 天就在近 50 套竞品夹击中溢价 5.2% 成功出售，是当时小区历史最高成交价。改造的好处不仅在于有溢价，更在于想卖的时候就能快速卖出。

我们认为一个完整的房产投资过程由买入、改造、租赁、售出四个阶段构成。改造是一种催化剂，可以助力赋能租赁和最终的出售兑现。所以我们不建议在出售前"临时抱佛脚式"改造，在前文也已论述过出售前临时改造的风险。凡事预则立，一个成熟的房产投资者在买入房产之前就要规划好持有阶段改造租赁的事，不要倒在黎明到来之前。不要把"子弹"打光，要留一颗子弹助力持有阶段的租赁和最后的出售。

从心法的角度，季老湿在 699 笔记《溢价究竟从哪里来》一文中指出："溢价的根本就是心与心连接的效率。"溢价高不高就看你的产品打造得走不走心。你通过打造产品打动买家的心，心被打动了买家自然会买单。若是满脑子偷工减料的想法，打造出的荒腔走板的产品自然不会有好的溢价。我们讲究在既定的预算框架内尽量用好东西。节约成本是应该的，但如何优雅地节约成本是一门技术。最后以一句 slogan 结束本文："小改不如大改，晚改不如早改！"

参考资料

1. 上海市凤城二村 110 号结案报告

2. 北京珠江罗马嘉园结案报告

3. 重庆招商锦星汇结案报告

4. 烟台市芝罘区迎春巷结案报告

5. 上海浦东西营路 170 弄 5 号结案报告

6. 杭州临安越秀星汇城结案报告

7. 重庆国盛三千城结案报告

8. 重庆融景城结案报告

9. 上海阜新路 184 弄结案报告

10. 北京中海枫涟小区结案报告

11. 上海水产西路 489 弄结案报告

12. 上海罗阳路莲花苑结案报告

13. 上海盈中新村 34 号结案报告

14. 青岛新贵都小区结案报告

15. 租金总和不到买卖溢价一个零头，空关才是正解吗？

16. 买卖溢价的运营和成功秘诀

17. 更多季老湿团队出售案例见案例合集

2 洗脸大法：给出嫁的房子画淡妆，做好这点胜过 90% 的业主

所谓洗脸大法是指不对房子做大的改造，仅做简单修缮和深度保洁来提升屋况从而促进带看销售的方法。只要房子挂牌出售，大部分业主就不会再投入一分钱在房子上，就是原样出售，不会花力气去打扫卫生，所以只要彻底打扫干净卫生，你已经胜过 90% 的业主了。

1. 洗脸大法的优点

洗脸大法可能是大家最喜闻乐见的一种卖房大法，有以下优点。

（1）花费少。根据保洁和修缮更换的内容不同，洗脸大法会花费 500~30000 元。

（2）工期短。根据保洁和修缮更换的内容不同，洗脸大法的工期为 1 周 ~1 个月。

（3）适用面广。几乎所有的房子都可以洗把脸再卖。全面改造或局部改造花费高、工期长，太折腾，还有一定的技术门槛，需要专业的租售改造设计和施工管理技术，自己不成熟的改造和设计可能会事倍功半，而洗脸大法没什么技术门槛，打扫卫生谁

不会呢！

在老旧小区，洗脸大法效果较好。因为老旧小区的竞品房通常都很破旧，房间里面也塞满东西，所以洗脸大法会有奇效。只要搬空家具，打扫干净卫生再刷一遍墙，就能搞出差异化，让房产中介们记住这套房子，再辅以实惠的定价，增加带看量。

经过洗脸大法改造的房屋照片

上图中的房子是上海奉贤育秀九区的房子，这是业主自己撸起袖子干，花费 500 元洗脸过后的照片。

2. 洗脸大法的分类

由于房子装修底子的好坏不同，需要修缮更换的东西也不同，据此可将洗脸大法分为轻度洗脸、中度洗脸、重度洗脸三种。

2 洗脸大法：给出嫁的房子画淡妆，做好这点胜过 90% 的业主

轻度洗脸：装修底子好的房子基本无修缮更换拆除内容，将所有的老旧家具家电搬空、墙面刷漆翻新、深度保洁即可。轻度洗脸花费一般在 3000 元以内。搬空老旧家具家电是为了使空间在带看时显大，这是租售改造的第一原则。

中度洗脸：所有家具家电搬空，墙面刷漆翻新，灯具更换，窗帘更换只留白纱，开关面板发黄的需更换，空调内机外壳发黄需漂白，某些有碍观瞻的定制柜可拆除，五金洁具如保洁后仍品相不佳则更换，厨房橱柜衣柜门板等如颜色状态不佳可更换。中度洗脸花费一般在 3000~15000 元。下面两组图为上海奉贤曙光新苑房屋中度洗脸前后的对比照片。

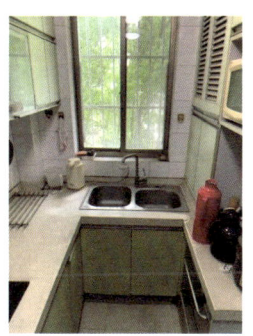

上海奉贤曙光新苑房屋中度洗脸前照片

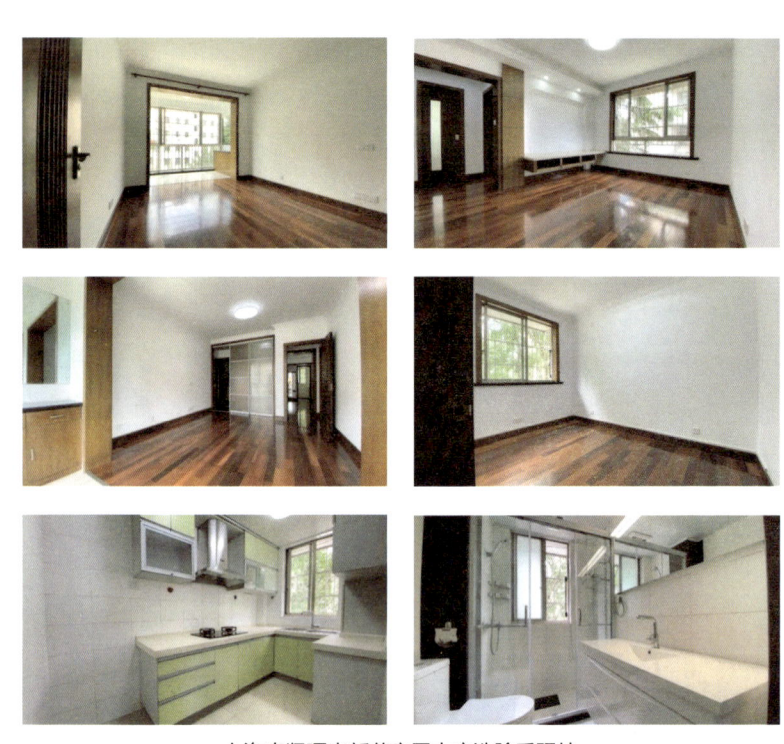

上海奉贤曙光新苑房屋中度洗脸后照片

　　重度洗脸：接近局部改造，原则上除了瓷砖不敲、水电不动，其余目力所及都要翻新。所有家具家电搬空，墙面刷漆翻新，灯具更换，窗帘更换只留白纱，开关面板发黄的需更换，空调内机外壳发黄需漂白，某些有碍观瞻的定制柜可拆除，五金洁具如保洁后仍品相不佳则更换，厨房橱柜衣柜门板等如颜色状态不佳可更换，地板更换，室内门更换，厨卫吊顶更换，厨房橱柜浴室柜等如柜体朽坏可拆除重做。重度洗脸花费一般在15000~35000元。下面两组图是北京澳洲康都项目重度洗脸前后的对比照片。

2　洗脸大法：给出嫁的房子画淡妆，做好这点胜过 90% 的业主

北京澳洲康都项目客餐厅重度洗脸前后对比照片

北京澳洲康都项目卧室重度洗脸前后对比照片

3. 洗脸大法的常用化学剂

（1）白云强力化油剂 JB116。适用部位：厨房油污、灶台、油烟机。使用方法：兑水使用，重油污 1∶10，轻油污 1∶100；用本品喷洒水洗硬面，让其渗透 2~3 分钟，再用刷子刷或用软布擦拭。

（2）白云强力洁厕剂 JB115A。适用部位：浴缸、洗手盆、马桶、坐厕、瓷砖、水磨石，可用于不锈钢、铝合金、陶瓷表面的清洁。使用方法：兑水使用，重渍 1∶10，轻渍 1∶50；将稀释液体喷于清洁表面，用刷子刷，如为重垢，应多次重复这一操作。

（3）Mootaa浴室清洁剂。适用部位：浴室五金件、金属水龙头（铜质的不能用）。使用方法：将本品喷于污垢表面，静置几分钟，用湿抹布反复擦拭。

（4）保赐利BOTNY除胶剂。适用部位：玻璃、地板、金属、瓷砖、大理石、铝合金、烤漆面。可去除残胶：不干胶、双面胶、透明胶、海绵胶、撕膜残胶、3M胶；不能去除残胶：玻璃胶、美缝胶、502胶水、树脂AB胶、云石胶、免钉胶、硅胶、结构胶。使用方法：先小范围喷涂测试，确定没问题再大范围喷涂除胶。除胶后请立即用湿毛巾将残留除胶剂擦拭干净。

（5）石材清洁粉和石材镀晶剂。用于石材台面污渍清洁，先用石材清洁粉擦拭污渍，然后用石材镀晶剂涂抹台面。注意顽固污渍不能去除的话需要请专业师傅人工打磨。

（6）塑料外壳除黄剂。用于老旧发黄的空调外壳以及开关面板去黄翻新。使用方法：戴上手套将药剂喷涂到发黄的塑料外壳上，铺上纸巾，再次喷涂药剂，最后用保鲜膜包裹，静置3~4天去除包裹物，用湿毛巾擦拭干净即可。

（7）可调色瓷砖修补剂。用于瓷砖或石材表面裂缝和坑洞修补。可搭配调色色浆，现场调色至与被修补瓷砖一致。最好请专业师傅操作。

（8）木器修补膏和补漆笔。用于木门、地板、木质家具等油漆破损处修补。由于电脑和手机屏幕显示有色差，在购买时请选择与损坏木质表面颜色相近的多种颜色修补膏，再搭配一支白色修补膏，这样可以现场调色。

（9）瓷砖改色漆。瓷砖表面大面积污损或颜色不好看时，可直接刷瓷砖改色漆翻新。刷完漆后，还可以根据需要使用配套的瓷砖

2 洗脸大法：给出嫁的房子画淡妆，做好这点胜过90%的业主

美缝笔将瓷砖接缝描绘一遍。

4.洗脸大法的缺点

（1）产品势能低，不能追求出售溢价。采用洗脸大法的业主要清楚，洗脸的作用只是打扫好卫生，改善房态，使之看起来干净明亮一些，增加带看量。买家买下房子之后如果是自住的话还是要重新装修的，很难为你花的保洁修缮的小钱来溢价买单。所以，洗脸的房子价格不能挂太高，还是要走性价比出售路线。

（2）不能抵御竞品降价，想速售必须跟随降价。洗脸的房子虽然看起来干净明亮，但是产品力还是不如全面改造的房子，所以如果竞品降价的话，想速售也得跟随降价。

（3）不能转民宿或长租，只能空关待售。由于老旧家具搬空了，房子不具备入住条件，不能运用"接口大法"边做民宿边卖房。

（4）如转长租，只能寻找自带家具客户。原因同上，如果要配家具的话，还不如一开始就做软装改造或局部改造。这样在销售不畅的情况下，可以租售并举打持久战。

（5）在次新小区或开发商精装交付小区，房子的洗脸效果较差。因为毛坯交付的次新小区的房子都是新装修不久，房屋状态都不太差，只要简单保洁一下就行。开发商精装交付小区房子的基础硬装都是一样的，仅洗脸是做不出差异性的。

5.洗脸大法为什么要搬空家具

使用洗脸大法的时候，如果一门心思出售不再出租的话，建议将家具搬空，尤其是小户型的房子，一定要将家具搬空。家具搬空

后，出售带看时会显得空间大，带看空间显大是我们出售房子的第一性原理。另外，凡是不漂亮的东西都拿走。通常老家具没什么设计感，放在房间里只能使空间显小。如果家具是昂贵的红木家具，也请搬走，因为除了少数喜欢红木家具的买家，其他买家并不会为红木家具买单。**是否搬空家具洗脸取决于原来的家具软装是否有设计感，另外风格不能太个性化。如果不能做到 80% 的人看了都喜欢，那么还是搬空为好。**

6. 洗脸大法的难点

洗脸大法看起来很简单，但实际上对于没有经验的人来说也没那么简单。因为每个人对于"干净"两个字的理解是不同的。同样的东西，在你的眼里够干净了，但在专业人士的眼里还不够干净。**洗脸大法的难点就是你对不妥当的东西"视而不见"**，下面举例来说明。

运用洗脸大法改造的厨房照片

2 洗脸大法：给出嫁的房子画淡妆，做好这点胜过90%的业主

上图是长沙一位业主的房子，她做了一个软装改造，然后很快就把房子卖掉了。由于只是软装改造，厨房卫生间就没有大动，只是洗脸。粗看弄得挺干净，还用洞洞板把热水器下方的三通阀门遮挡了，但是细看还是有三个问题。

问题1：在图片右上方油烟机后面有一个膨胀螺丝露头，应该拔掉然后用瓷砖修补胶填平孔洞。

问题2：在图片中上方的烟道包管墙角①处的墙砖裂缝了。这是一个通病，很多老房子烟道包管阳角处的墙砖拼缝都会裂开，因为烟道经常会受热膨胀。此处应该在裂缝里面注射瓷砖空鼓胶，再用瓷砖美缝剂把缝填平。包管与顶部吊顶之间间隙太大，应该填缝。

问题3：水槽右边台面上挡水石的缝隙掉胶了，应该用防霉硅胶把缝填平。

另外，橱柜柜门不好看，但是厨房部分只是轻度洗脸，限于预算原因，没有更换。这套房子总价只有50多万元，所以改造成本必须严格控制。

7. 洗脸大法的心法和操作口诀

洗脸大法的心法就是6个字："干净，藏拙，尚可。"

"干净"有三层意思：第一层意思，"干净"就是卫生整洁的；第二层意思，"干净"就是新的，或者如同新的；第三层意思，"干净"就是养眼的，好看的，有设计感的。运用洗脸大法时，我们要在第一层意思上尽量做到极致。第二层意思可以部分做到，即使不

---

① 专业术语为阳角，这种情况只在阳角处发生，阴角不会发生。

能更换所有的东西，也要做到"如新"。第三层意思在洗脸大法的层面做不到。

"藏拙"就是把不好看或不妥当的东西丢掉或藏起来。比如搬空老旧家具，再如上文长沙案例里的用洞洞板把热水器下面的三通阀门挡住。另外，该案例中在热水器左下方放了一瓶小花把橘黄色煤气管挡住也是一种藏拙，虽然花不够高没有完全挡住，但在视觉上达到了弱化效果。可以看出这位业主在运用洗脸大法的时候已经有了藏拙的意识。

"尚可"的意思是洗脸后的房子要让买家在理性上能接受，在感性上不讨厌。洗脸的房子毕竟不是全面改造的房子，买家很清楚这套房子买下来还是要重新装修的，只是这套房子干净明亮显大，价格还实惠，是可以接受的。洗脸当然不能抹除房子所有的使用痕迹，看得出是旧房子，但是在极致的干净面前，买家即使谈不上喜欢，也不会反感。对比其他脏乱的竞品房子，优势就很明显了。

洗脸大法的操作口诀也是6个字："显大，显新，显亮。"一切操作要围绕这6个字来。例如：旧家具要不要扔？想一下"显大"。生锈龙头要不要更换？想一下"显新"。窗帘要不要拆？想一下"显亮"。

8. 肉身开光，注入能量

由于洗脸大法在操作时有很多零碎活，可能找不到人来做，或者人工很贵，所以有的时候需要业主撸起袖子自己干。我们很提倡业主自己参与干一部分活，因为这样可以为你的房子注入能量。我们把这个叫作"肉身开光"。除了售前的洗脸清洁，在日常带看中也要时常保洁，下图就是上海奉贤洗脸案例里业主亲自下场拖地的照片。

2　洗脸大法：给出嫁的房子画淡妆，做好这点胜过 90% 的业主

业主亲自拖地照片

这个业主在带看的过程中每天早上跑步到房子里面拖地保洁，当作晨练，然后拍照发给房产中介们，并附一句话"今日保洁结束，欢迎带看"。这样反复的刺激可以让中介们记住这套房子和这个业主，所以这套房子很快被出售，这也算是一分耕耘一分收获吧。当然不是每个人都能像这位业主一样有时间和精力去自己操盘洗脸出售，那么可以委托专业人士来操作。

下面的参考资料是与本文配套的 8 个洗脸出售案例的结案报告，欢迎大家进一步阅读理解。

参考资料

1. 160 倍回报全复盘 | 洗脸卖房大法
   上海奉贤某小区结案报告

2. 卖别人的房子思路清晰，卖自己的房子
   一塌糊涂 | 上海北某小区结案报告

033

3. 193倍回报全复盘 | 连心卖房大法
   重庆祥鸿当代城结案报告

4. 点石成金！击败22套同户型竞品40天卖出
   上海泗塘七村结案报告

5. 8倍回报全复盘 | 成都步梯六楼洗脸卖房大法
   成都金色阳光结案报告

6. 3天卖掉破烂群租房
   南宁世洋丽豪园结案报告

7. 花5千元改造，多卖10万元！
   我在三线城市1周成功卖房！
   浙江衢州长河绿江南小区结案报告

8. 楼市下行，如何顶住压力成功卖房？
   成都风华苑结案报告

3 安心大法：如何让买家相信你的房子不是"串串房"

市场上有一种专业中间人低价锁定上家房源，装修好后再高价转卖给下家。这种房子在重庆叫"串串房"，在广州叫"炒家房"，在上海叫"黄牛房"。如果运作成功，房子将从上家直接过户给下家，中间人从中赚取差价而不用实际过户。由于中间人与上下家之间都没有实际过户，所以不占用购房资格，也不需要交易税费，这种操作通常也叫"ABC 单"。

这种操作发源于广深地区，在广深大行其道，后来流传到其他城市。广州"炒家房"的标的通常是老城区总价低、无硬伤、流动性好的老破小房子，改造后卖给刚需客户。由于"炒家"要赚取差价，装修成本自然是越低越好，所以这种"炒家房"装修用材大多是表面光鲜，大量使用廉价工装材料，施工工艺也是能省就省。重庆的房屋总价比一线城市要低得多，装修成本的腾挪空间更小，所以"串串房"基本上是表面光鲜、内里稀烂的代名词。在市场上，越来越多的买家开始警惕"串串房"。上海等一线城市的房屋总价较高，部分专业"炒家"开始走向代运营和高端化，但是由于受前期大量低端劣质房的影响，买家对于新装修房子的装修质量普遍存在疑虑。虽然我们提倡的是高品质的家装改造标准，但是也免不了受到买家质疑：是否金玉其外、败絮其中？虽然精心设计、高品质装修出来的好房子本身会说话，但是为了提高沟通效率，我们建议大家使用安心大法来增信。

所谓安心大法，就是将装修过程中的施工工艺和材料全部透明化地展现给买家。将所有的资料打印装订成册，做成一份《新家入住生活安心手册》，在出售带看的时候展示给买家。

在买家买下房子之后，我们还可以随赠电子版手册。这份手册包括但不限于以下内容。

（1）施工图；

（2）效果图；

（3）完工照片；

（4）地暖盘管施工照片（如下图所示）；

（5）水电管路施工照片以及完工后所有墙面管路位置照片；

（6）中央空调施工照片；

（7）水路打压试验报告；

地暖盘管铺设隐蔽工程照片

3 安心大法：如何让买家相信你的房子不是"串串房"

（8）厨卫阳台等防水试验照片；

（9）其他所有隐蔽工程照片；

（10）所有采购材料的品牌规格、使用说明书、发票凭证等；

（11）所有家用电器的使用说明书；

（12）所有网购材料的网店链接；

（13）硬装施工队或装修公司质保负责人的联系方式和质保期限；

（14）所有材料厂家质保负责人的联系方式和质保期限；

（15）施工过程巡查的电子版视频；

（16）如聘请第三方施工监理，可将监理报告打印装订；

（17）竣工后除甲醛施工照片；

（18）空气检测报告。

下面是我们改造的上海奉贤某出售房屋的安心手册和完工照片。

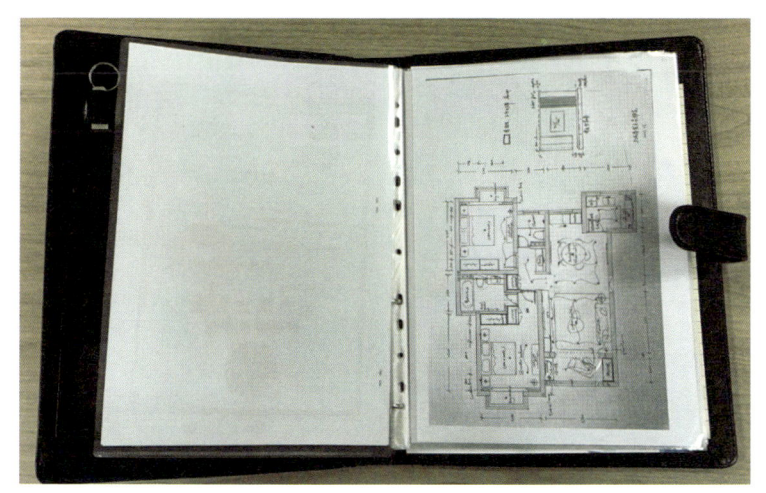

安心手册：设计图纸

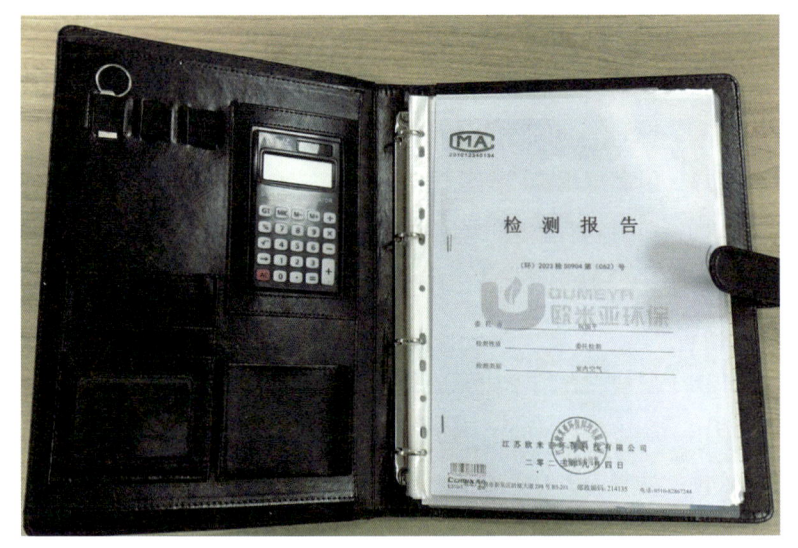

安心手册：空气检测报告

上海奉贤项目完工照片 1

上海奉贤项目完工照片 2

上海奉贤项目完工照片 3

上海奉贤项目完工照片 4

3 安心大法：如何让买家相信你的房子不是"串串房"

采用安心大法需要我们在施工和采购过程中时刻注意保存图像、视频、文字资料以及纸质资料，这样完工之后才能汇总装订成册。手册为 A4 纸大小，可以网购。手册的封面名称可以让店家印制，也可以另行网购金属标签刻字贴，自己动手粘上去。

这样一份贴心的安心手册在上海奉贤房屋出售过程中大受好评。没有这样的安心手册，对于业主大费周章的自吹自擂可能买家并不相信。这样一份翔实的安心手册，可以提高中介们带看的积极性，增加买家对装修品质的信任感。事半功倍，一切尽在不言中。

4 归零大法：二手房变身毛坯"新房"竟然也能速售

卖房有各种各样的法门，比如把房子装修得漂漂亮亮，或者只是洗把脸出售。但你可能没有听说过这种方法：归零大法。

所谓归零大法，就是把房子恢复成开发商交付时的毛坯状态。人们一般认为，房子一定要做得颜值高、有设计感，才会吸引更多买家。但是也有这样一种情况，就是房子是干干净净的，就像刚从"娘胎"里出来的那样，有一部分买家就喜欢这样的房子。

1. 什么样的买家会喜欢毛坯房

喜欢毛坯房的买家一般来说有以下三种。

第一种是买家想要自己装修房子，有自己的居住要求和想法。他们看不上别人的装修，也不想花费时间和精力去动手拆除别人的装饰再装修，于是就干脆买个毛坯房。但是，他们也不想等待两三年之后才能得房，尤其是现在太多的开发商爆雷，谁也不知道3年之后自己交的首付还能不能变成房子，还不如买一套摆在眼前的房子比较踏实。

第二种是买家不想住别人住过的房子。这一客群有一种情结，希望他们是房子的第一任住客，尤其是那些买来作婚房的人，不希望房子有别人的痕迹。甚至有人不希望房子带有别人的人气，我们戏称其有"处房情结"。

第三种就非常纯粹和简单了，买家只想出楼板价，不希望在房子上被别人赚任何装修溢价。

既然知道了什么样的买家偏好毛坯房，在某些情况下我们可以迎合他们的喜好。

2. 什么样的房子适合用归零大法

首先是简装的次新房，也就是房龄在5年以内的。这样的房子做归零，才会让买家真的以为房子是完全新的，好像前任业主买下来就是空关，没有住过人。

一般业主要么豪装一把来自住；要么随便简装一下，配个乞丐版的家具，直接出租来换取现金流。大多数投资客则会把房子以毛坯状态空置在那里，不愿投入更多钱和精力去装修，他们看重的只是房子一进一出带来的利润。一般投资客也大多会购买新房。大部分城市的房子由于限购政策，都是在产证出来2年后才可以售卖，当房子满5年税费比较低时买卖过手操作的摩擦成本也比较低，投资客会开始成批出售。所以，只有房龄在5年以内的房子才有可能是从未被人动过的，那么在出售的时候，市场会下意识地认为房子是从未住过人的，基本可以迎合特定客群的期待。

若是十几年的老小区，房子转手过很多次，有的房子老装修没拆彻底又叠加新装修，这样的房子拆除干净再恢复成开发商标准毛坯房的成本比较高，就不太适合做归零了。如果是装修底子很好的次新房，我们直接做软装改造就好，也不用做归零砸回毛坯房。

其次是二房东简装的合租房。我们遇到的很多业主的房子以前是租给二房东做群租宿舍的。房子收回来以后，虽然可以让二房东拆除隔断，但是这种低端群租房的基础装修都很差，留着也没用，如果不想投入很多钱去装修，不如将其归零为毛坯房。

最后是本来就是毛坯出租的房子，别人可能租来做仓库，或者只装个热水器、煤气灶就凑合住的。这种房子收回来几乎就是毛坯房，只要弄干净就好。

所以，简装出租房、二房东简装的合租房、毛坯出租房三类次新房适合用归零大法。

还有一种比较特殊的房子，就是业主装修到一半就要卖掉的。我们有一个咨询代售的业主就是想卖一套重庆装修到一半的房子。当时工程进度是瓷砖贴了一半，如果继续装修完，投入成本太大，而房子本身的总价也不高，所以业主投入大笔资金搞完装修的意愿不强。我们建议他倒着做，把房子恢复成毛坯，再低价抢跑道出售。

3. 什么样的业主适合用归零大法

第一种是因为各种原因，业主不能投入太多的预算去做全面改造，于是归零成毛坯，主打一个价格便宜实惠。第二种是业主希望快速出售，觉得全面改造 3~4 个月的装修期太长，等不起，于是花 1~2 周清空房屋，恢复到毛坯状态速售。

4. 如何做到房子归零

毛坯房也分为不同种类。我们在很多中介官网上看到不少房子被定性为"毛坯房"，但实际上它们不是真正意义上的毛坯房，而是装修极差，或者很老旧，买家完全可以忽略其内部装修价值的房子。

这里说的毛坯房可不是下图这种老旧房屋拆除后的叙利亚风，而是真正意义上的开发商交付时的"毛坯"状态：平整的水泥地，墙面是刷白的，墙地交接处用深灰色涂料刷出踢脚线，卫生间和厨房墙面用水泥浆拉毛处理，地面有防水层并上翻到墙面 30 厘米高。

毛坯状态的房屋照片

买家进到房屋里面，从感官上来讲，他会发现这个房子的状态基本上跟开发商交房时的状态是一样的。下面列举一些开发商的毛坯房交付标准并附示例照片，供大家参考。

（1）房屋内地面平整洁净，无裂缝，无空鼓，无脱皮，无起砂，无明显色差；踢脚线采用深灰色涂料涂刷，高度为 120 毫米，水平顺直；预埋管线走向标识准确清晰，分户验收地面标识准确清晰。

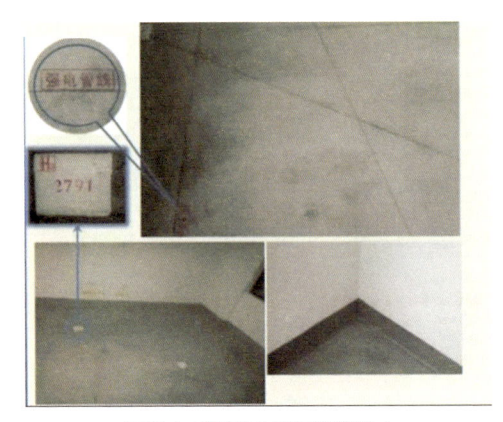

开发商毛坯房交付标准照片 1

（2）房间的墙面平整、光滑、洁净、颜色均匀，无抹纹、无脱层、无空鼓、无开裂、无外露钢丝网（玻纤网）、无锈迹；墙角顺直，空调/烟道孔洞、开关/插座面板、箱体周围抹灰整齐、光滑；开间进深标识准确、清晰。

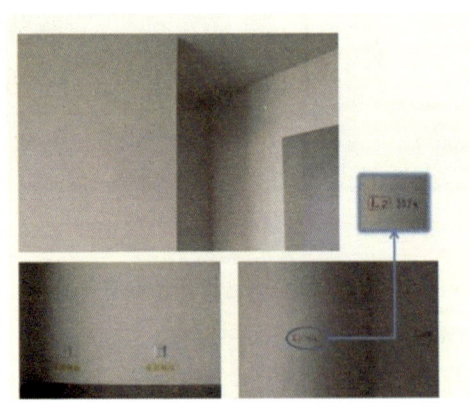

开发商毛坯房交付标准照片 2

（3）卫生间地面设置坡向地漏、无积水；防水层涂刷均匀、上翻高度一致（不低于 300 毫米），管件、地漏、排水管等接缝严密，收头光滑、无渗漏；管根部抹成圆台，并做防水附加层，下水管露头处要密封。

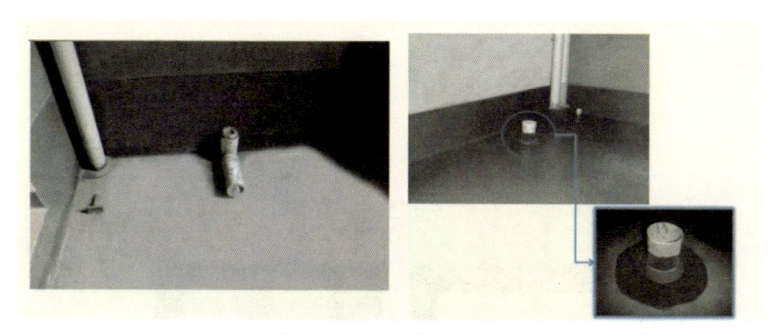

开发商毛坯房交付标准照片 3

卫生间墙面为水泥砂浆拉细毛，平整洁净、色泽一致，无空鼓、无开裂、无外露钢丝网（玻纤网）；孔洞、开关/插座盒周围及管道后面的墙面抹灰平整、边缘整齐；线角顺直清晰，毛面纹路均匀；腻子于顶棚周边下挂 100 毫米；卫生间门洞口腻子翻边 50 毫米。

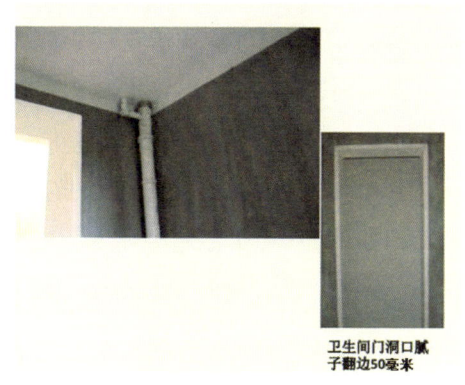

开发商毛坯房交付标准照片 4

（4）外门窗的门窗扇牢固密闭，开关灵活，门窗型材无翘曲，角缝密闭。推拉门窗须防脱落；门窗表面洁净平整，无损伤、无污渍；密封胶表面光滑顺直，密封条无脱槽、无卷边、无虚压；五金件齐全、牢固、灵活，位置正确，无锈蚀；外门窗无渗漏。

开发商毛坯房交付标准照片 5

我们社群一位上海的同学，2019年在嘉兴投资了一套一手新房，房子交付后一直租给一个包工头用来做宿舍兼仓库，房子内部主打叙利亚风，尤其是厨房，烟熏火燎，屋况很差。房子的产证在2020年才拿到，到2022年的春天刚好满2年。他马上收回房屋，用了归零大法，让包工头把之前房子里面加设的东西全部拆掉，墙面刷白，迅速在周边中介挂牌售卖。

因为他售前做了归零，而且做了全面保洁，窗户擦干净，地面也拖得清爽，所以仅仅用了两周他就卖掉了这套房子，而且价格也是令人比较满意的。反观他邻居们的房子，到2023年还有大批作为"站岗侠",在中介网站上挂着,而且价格已经比他卖出时要低20万~30万元了。具体故事请看文后参考资料。

无论是归零毛坯卖房,还是精装卖房,最终目的都是卖房,所以还需要三件套。

(1)更换一个密码锁。每次有中介带看时,业主如果没法到现场,可以直接授权密码,便于中介带看。

(2)装一个摄像头。这样业主就知道是什么样的买家来看房,当然也能够知道中介是否是有效带看。

(3)装一个感应灯。万一有比较尽心的中介把电闸拉掉,晚上有买家来看房的话也能很快地找到推闸送电的开关。

最后,从实操角度提两个建议:其一,在归零毛坯房的公共卫生间里面安装一个马桶,用最便宜的就行。因为带看的时候可能有人需要上卫生间。其二,在归零毛坯房的厨房里安装一个简易水槽和龙头、下水,同样用最便宜的就行,这样可以满足保洁用水需要。

参考资料

挂牌一天就卖掉!32倍回报全复盘
长沙第六都归零大法结案报告

5 贴膜大法：多快好省实现翻新出售

房子售卖时，不合时宜的家具可以搬走，但是如果固定在墙上的衣柜、橱柜已经破损、翘边，或者颜色老旧影响观感，要怎么解决呢？拆掉换新的柜门或者台面肯定是效果最好的，但也要看房屋总价，如果房屋总价不高，再花大几千块感觉不值当。这里推荐一个性价比更高的办法——贴膜大法，几百块钱就可以让衣柜、橱柜焕然一新。除了衣柜、橱柜之外，地板、家具、门、石材台面、瓷砖面都可以贴膜翻新，可谓"万物皆可贴"。

严格来讲，贴膜大法也可归类于洗脸大法。现在市场上出现了一些专业公司，主要用贴膜的手法来做低成本的老房翻新改造，应用于低端租赁场景。相对于砸掉重来的全面改造，这种贴膜翻新改造成本低、工期快，受到一些老破小房屋业主的欢迎，也算是切中了一部分低端市场的需求。比如一套房子全面改造要 20 万元，现在贴膜翻新 2 万元就可以搞定。这对要求不高、预算紧张的业主还是很有吸引力的。另外，这些公司号称使用了环保的贴膜材料和胶水，这个就请读者自鉴了。

在卖房的场景下，贴膜大法与洗脸大法类似，目的是改善屋况，促进带看。我们预计买家买下房子后是要重新装修的，所以贴膜大法当然是可以用的。

1. 贴膜大法的应用场景

（1）保护贴膜：适用于高档家具的保护，通常是透明的，材质分为 PET、TPH、TPU 等。可以根据家具档次和消费水平选择。

（2）改色贴膜：主要用于改变原有家具的颜色和风格，材质一般采用 PVC，这种改色贴膜也叫波音软片。

（3）维修贴膜：主要用于旧家具的翻新，材质一般采用 PVC，用材与改色贴膜一样。

（4）地板贴膜：俗称地板贴，用于铺贴地面。可用于水泥地面、水磨石地面、瓷砖地面、地坪漆地面、木地板地面等。釉面砖和表面粗糙起灰的水泥地面建议搭配胶水使用。

（5）玻璃贴膜：用于窗户、移门、淋浴隔断玻璃的贴膜。

（6）台面贴膜：用于厨房石材台面或石材桌面的贴膜，厨房台面开裂破损或有顽固污渍时，如不想更换石材台面可用台面贴膜。

（7）瓷砖贴膜：瓷砖有裂缝、破损或有污渍时，或者瓷砖颜色不佳时可以使用瓷砖贴膜遮蔽翻新，不用砸掉瓷砖重新贴。

（8）集成墙板：俗称护墙板，通常为 PVC 材质，用于墙面翻新。优点是不用铲除原墙面腻子，没有批腻子、打磨腻子、刷漆等烦琐工序，可以大大缩短工期和节约人工成本。

（9）墙纸墙布：在低端租赁和售卖场景下，采用便宜的墙纸或墙布可以省去批腻子、刷漆等工艺过程，综合成本可能与刷墙漆相当，但节约时间。

在房屋售卖中，贴膜大法的主要用途就是改色和翻新旧家具及柜门等，而贴膜大法的底层逻辑是在视觉上达到干净并且如同新的一样的效果。以下是厨房厨柜和房间衣柜采用贴膜翻新的照片。

橱柜贴膜前后对比照片

衣柜贴膜前后对比照片

2. 贴膜大法的优点

（1）省钱：所用到的材料在淘宝、拼多多甚至线下五金杂货店均可买入，几十元到上百元一卷，真正做到花小钱办大事。

（2）省时：现成的材料，不用定制或者等待，一两天即可完工。

（3）省力：这一点非常重要，只要会贴手机膜就能上手操作。贴膜时配合吹风机加热，应对原本有凹凸造型的门板都没有问题，可一次性解决破损、翘皮、颜色老旧或变色及原始颜色丑等诸多问题。

3. 贴膜大法的缺点

膜不管怎么贴，还是会有很强的塑料感，不会给人以很高档的感觉，只是显得干净而已。贴膜最后呈现的效果高度依赖贴膜师傅的手艺，接缝边角转角等地方处理不好的话容易露馅。虽然在一定程度上能够以假乱真，但是毕竟不是真的。贴膜大法用于低成本售前美化和低端租赁是可以的，但用于追求溢价出售和中高端租赁是不行的。

4. 如何选择颜色

因为贴膜大法的目的是干净和崭新，所以颜色一定要选择白色、奶咖、浅灰等可以提亮空间的纯色，不建议选木纹，选不好颜色会显得非常低档，也没有干净的感觉。

5. 如何施工

抖音和小红书上有很多贴膜的教程和视频，大家可以搜索看看。我们操作下来有几点注意事项提醒大家。

（1）门板一定要拆下来贴，正所谓"磨刀不误砍柴工"，拆下来贴的速度更快，效果也比不拆要强好多，而且趁机把合页等更换了会更好，一般老的柜门合页也都不大好用了。

（2）操作时最好放在餐桌或写字桌上，千万不要直接放在地上，否则贴3个以上柜门就知道为什么了。当然，腰特别好的朋友无所谓。

（3）最好是两个人一起贴，一个人用刮板推，另一个人辅助。只有一个人操作的话非常考验技术。

（4）吹风机一定要准备好，加热之后贴膜时延伸性会好一些，尤其在包边的时候。

（5）买贴膜材料的时候要留出足够多的富余量，无论是技术原因还是其他原因造成的损耗都是无法避免的。话说材料本身也不贵，要多买几米，以防出现不够用的情况。

最后提醒大家，贴膜绝对是"一看就会，一干就废"的活儿，普通人如果没有时间和精力来操练，最好还是请专业师傅。下面的参考资料是采用贴膜大法的案例。

参考资料

卖别人的房子思路清晰，卖自己的房子一塌糊涂 | 上海奉贤北某小区结案报告

6 绿植大法：室内绿化是最便宜的装修

随着城市居民对于美好生活环境的向往越来越强烈，环保理念深入人心，用绿植来装饰室内空间越来越受到重视。室内绿化已然成为一种新的时尚和人们日常生活的追求。植物有独特的优势，能给室内空间带来无限的生命力，还可以改善室内的空气质量，在室内设计中对植物的运用也越来越受到重视。在室内布置绿植有如下好处。

（1）室内绿植可以给我们创造良好的生活环境，还能消除视觉上的疲劳，让人从紧张的状态中解放出来。在私人住宅、办公室、餐厅等空间都可以布置绿植，以增加室内的自然气氛，达到室内装饰美化的目的。

（2）植物可以吸毒杀菌。大部分装修材料都含有一些有害物质，而很多植物可以发挥自身的吸附功能，除掉空气中的有害物质。

（3）绿植是最便宜的装修。买一个沙发的钱就足以将你的家变成热带雨林！要想家里变得高颜值、有美感，可不能缺少生机。有些家居单品可以瞬间点亮空间，让空间变得有活力、有温度、有生活的痕迹，而绿植就是一类超治愈、养目、花费相对少的单品。

为什么别人家颜值那么高？那是因为绿植选得好，挑选到合适的绿植，你的家也可以很美！

1. 植物的陈列与搭配

最好购买高低大小不一致的品种，高的植物往高放，矮的植物往低放，在不影响植物光照的前提下，尽量还原植物在森林里的原生错落感。

2. 植物的选择与摆放

选择居家绿植的原则是因地制宜，好看好养。绿植如今已成为家居软装的搭配利器，好看的花卉绿植不仅能凹造型，还能净化空气。不过绿植品种这么多，该如何挑选，又该摆在哪里，才能养得更好更久呢？下面与大家分享一下如何给家里不同区域选择合适的植物。

（1）客厅：高级大气，喜散光植物和鲜切枝。客厅空间开阔，光线好，需要有一株大型绿植，显得大气。可以选择叶片多的观叶绿植，或者富有色彩和造型感的观赏性植物。在茶几或者电视柜上可以摆一些鲜切枝，比如马醉木、南天竹等，增加氛围感。推荐植物有：天堂鸟、散尾葵、琴叶榕、黄金榕、龙鳞春羽、幸福树、发财树、绿萝柱、金钱兜、量天尺、龟背竹、千年木、橡皮树、鸭脚木、螺纹铁、柠檬树、百合竹、吊钟、南天竹、虎皮兰、马醉木等。

（2）玄关：耐阴植物。进屋的第一眼给人印象最深刻，建议摆放体积适中，又有颜值的植物。推荐植物有：喜阴植物万年青、龟背竹、观音竹、铁线蕨、豆瓣绿、肾蕨、小彩兰。

（3）厨房：香草植物、净化空气能力强的植物。香草植物是个不错的选择，不仅自带淡香清新空气，还可以做香料和用于摆盘搭配。推荐植物有：吊兰、芦荟、薄荷、迷迭香、仙人掌、罗勒、绿萝、冷水花、万年青。

（4）卧室：清新呼氧绿植。卧室以个人感到舒适为主，如果空间大，可以适当摆放大绿植，如果空间小，建议放一些多肉、水培植物等小型植物，不仅可以点缀环境，还能调节心情。推荐植物有：小型盆栽豆瓣绿、香松、银叶菊、石生花、多肉、水培小植物、文竹、君子兰、白玉虎皮兰、白掌、龟背竹、虎皮兰、芦荟。

（5）书房：防辐射绿植。推荐植物有：仙人柱、文竹、短毛丸、石生花、香松。

（6）餐厅：适合摆放新鲜的花草。选择一个好看的花瓶，插上色彩淡雅的鲜花，可以起到调节心情、增加食欲的作用。推荐植物有：各种时令切花、水果及干切花。

（7）卫生间：优选净化空气的植物。如果想要一个充满自然气息的卫生间，还是需要精心设计的。推荐植物有：吊兰、薄荷、迷迭香、罗勒、绿萝、冷水花、万年青、水培小植物、文竹、君子兰、龟背竹。

（8）阳台：北阳台有柔和的间接光，冬季光照强度特别弱，植物要尽量靠窗放。由于光照强度不够，喜阳植物不好种，建议栽培耐阴的植物。推荐植物有：含笑、龟背竹、常春藤、八角金盘、络石、六月雪、春羽、矮棕竹。

东阳台早晨光线足，普适性较强，适合藤蔓、蕨类植物生长，但对喜阳植物来说光线还是不足。推荐植物有：金边翡翠、佛珠、玻利维亚丝苇、球兰、吊兰、爱之蔓、杏叶葛、雪莹常春藤。

南阳台可种植仙人掌、多肉、观花类等喜阳植物。光照、温度都良好时，植物生长旺盛，不过要注意浇水。推荐植物有：长春蔓、栀子花、米兰、三角梅、玛格丽特、大丽花、千日红、龙船花、鸢萝、菊花、太阳花、沙漠玫瑰、茉莉花、石榴、碗莲、虎刺梅、仙人掌、仙人球等。

西阳台早上光线柔和，下午到傍晚光线强，存在"西晒"问题。仙人掌、多肉等喜阳植物也适合生长，但下午要注意防止局部高温。推荐植物有：天竺葵、铁线莲、海棠、五彩石竹、牡丹、芦荟。

东南、西北这两种朝向的阳台特征及适养植物与南向、西向差不多。

（9）露台及屋顶花园：在外观上最显著的特点就是没有屋顶遮挡，日照充足，雨量充沛。本地常用绿化苗木都可种植。

推荐灌木有：海桐、女贞、石楠、丁香、千头柏、翠柏、匍地柏、珊瑚树、大叶黄杨、瓜子黄杨、雀舌黄杨、枸骨、橘子树、栀子、南天竹、八仙花、红花檵木、金叶女贞、夹竹桃、迎春花、洒金珊瑚、六月雪、八角金盘、杜鹃等。

推荐花卉有：金盏菊、三色堇、矮牵牛、丁香花、萱草、鸡冠花、二月兰、黑心菊、金鸡菊、石蒜、马蔺、石竹、鸢尾、郁金香、大丽花、宿根福禄考、羽衣甘蓝、百子莲、火星花、孔雀草、松果菊、矢车菊、非洲菊、一串红、紫露草、报春花、美女樱、风铃草等。

推荐地被植物有：麦冬、结缕草、狗牙根、剪股颖、马尼拉、小叶扶芳藤、三叶草、马蹄金、地被石竹、蕨类、紫花地丁、佛甲草等。

推荐乔木有：红枫、桂花、樱花、广玉兰、雪松、香樟、红松、黑松、龙柏、马尾松、桧柏、南洋杉、香榧、柳树、雪松、塔柏、水杉、金钱松、池杉、落羽杉、罗汉松、龙爪槐、棕榈、栾树、银杏树、法桐、梓树、苦楝、合欢树等。

3.30 年一线实战园林工程师室内植物养护精华汇总

（1）成为养花高手必记四个口诀。

雨水肥，米水壮，自来水隔夜才无妨。

夏天早浇水，冬天午浇水，保证花好叶子鲜。

光照多与少，一看叶子就知晓：叶子平展光照正好，叶子上翘日照偏少，叶子下拉日照多了。

春天生长需营养薄肥，勤施氮磷钾。

（2）养护实战方法。

买绿植时要记住，能买带营养土的植物，就别买带黄泥巴土的植物。黄泥巴土在户外养绿植是可以的，室内难养活。

最好挑老盆植物（植物已在盆里生活了一个月以上），装盆不久的植物慎买。

想换盆，最好让老板当着面换。市场上买的，盆底下垫了什么肉眼看不到，知根知底才能养好植物。

回家一定要缓苗。只要盆土没干，大部分品种需要找个散射光好的地方缓苗，不晒，不施肥，什么也别干。如果是网购的品种，到家特别干，那赶紧浇水，想换盆一周后再换。

花盆首选不上釉的陶土盆，塑料盆也可。陶土盆气孔多，透气性好，比较重，价格贵。塑料盆重量轻，价格便宜，但透气性差。盆深可以在下边垫陶粒隔水，能在很大程度上减少积水烂根。

80%的植物死亡是因为浇水太频繁，使得根部缺氧。多久浇一次水？不同季节、不同土壤、不同温度、不同花盆，浇水频率都是不同的。可以借助于土壤湿度计判断土壤含水情况；也可将半个手指插到土里感受湿度，如果手指上没什么水分，说明土干透了，就可以浇水了。同样一盆绿植，夏天浇水的频率比冬天要高。第一，植物在夏天属于生长期，消耗的水分多，吸收土壤的水分也多，所以要多浇；冬天植物生长慢，需水量小，甚至休眠，这时要少浇水或停水。第二，同样一盆绿植在不同的生长期需水量不同。叶子茂盛的时候，需水量肯定大，要多浇。第三，花盆不是越大越好，这一点很重要。绿植商家都是用特别小的盆养绿植，主要的原因是土球小干湿循环会更好。如果用一个特别大的盆，土壤就会多，而绿植的根系根球只能吸收小范围内的水分，周围更多土壤的水分是没办法吸收的，很容易烂根。越大的盆，浇水的频率越低；越小的盆，浇水的频率越高。第四，建议自来水放一两个小时再使用。夏天浇水要在早上11点以前、下午3点以后。冬天由于温度太低，浇水的时间要反过来，上午要在11点以后浇，下午要在3点以前浇，这样就不会冻伤根系。

植物生存最重要的因素就是温度了。每种植物耐寒耐热的临界点都不同，要尽量让植物的温度保持在19~26摄氏度。切记，不要为了通风在冬天开窗。

要有合适的光照。如果在光线下看书，感觉不亮也不暗，就证明这个散射光非常适合大部分植物。如果非常刺眼，那就是强光了。植物如果不耐晒，就要避开烈日。冬天大部分植物可以尽量多晒太阳。如果植物开始徒长，不是缺光，就是缺磷钾肥。

很多人养植物时喜欢给叶片喷水,认为这样会让植物长得更快。其实很多的烂叶、焦叶,就是由错误的喷水导致的。尤其是薄的叶子、小的叶子、新的叶子,千万不要喷水,一喷水叶子就烂。不要在阳光下喷水,水珠会聚焦光线,最终灼伤叶子。即使要补充水分,也是重点喷背面,因为叶子背面的气孔更多,更容易吸收水分和营养。

病虫害分为菌病害和虫螨害。常见的菌病如黑斑病、白粉病、铁锈病都是闷湿导致的真菌感染,可以用杀菌药三唑酮或者醚菌酯。对付潜叶娥、小飞蚜虫、蓟马虫等,各种杀虫药都可以。但若是发现了顽固的蚧壳虫和红蜘蛛,就要时刻保持警惕,因为这些虫害会反复发生。注意盆也要喷,尤其是海芋类和月季类植物,那真的是"药罐子"。

肥料主要有四类:第一类是补充氮磷钾的水溶肥,可以兑水浇,薄肥勤施。第二类是通用控释肥,每 3 个月往盆土表面放一点,为防止烧苗,千万不要买杂牌子的。第三类是微生物菌群肥,调节土壤生态,防止板结。市面上一般叫基质伴侣或土壤伴侣。第四类是生长素类,常见的有 101 等。

土壤是养护植物的重中之重。有些人觉得土壤不重要,随便花点钱,甚至在小区挖土,那就别怪家里虫子满地跑了。适合室内的土壤要经过灭菌、灭卵、pH 测试、EC 值测试等多项工艺处理。劣质土一般酸碱不平衡、微生物泛滥、肥料浓度过高,会导致烧苗等很多问题。给大家的建议是:自己买泥炭土和颗粒来配,通常买珍珠岩和椰糠。如果没有经验,可直接买搭配好的营养土、多肉土、花卉土、观叶土等。

(3)敲黑板:提高植物格调及省钱、省心小技巧。

佛靠金装,人靠衣装,绿植靠盆装(合适的盆可以大幅提高植物颜值）。树高不够盆来凑。高大的绿植价格高、运费贵，可用高支架花盆提高绿植整体高度。懒人多选择水培植物，在应急场合可以在野外折取树枝插入水培器皿摆放。阳台多用花架及悬挂容器。露台、屋顶保持通透，多用棚架。另外，可以用花卉种子播种。

4. 在使用洗脸大法的房子里增加绿植的注意事项

在房屋售卖场景下，绿植大法对经过全面改造的房子可以起到画龙点睛的作用，相比仿真绿植，真实的绿植更加有质感和生命力。对于使用洗脸大法的房子，强烈建议增配绿植。因为可以预见，卖房难将是一个长期的现象，随着业主觉悟的提高，洗脸大法将大行其道。现在我们说，只要打扫好房屋卫生，你就能胜过90%的业主，但未来可能90%的售卖房屋都会经过洗脸，那么单纯洗把脸就不行了。这个时候我们需要比别人多走一小步。前面提到过，绿植是最便宜的装修方式，如果你不想花大价钱去做全面改造或局部改造，那么增加绿植是最便宜又有效的做法。在使用洗脸大法的房子里面增加绿植，要注意以下几点。

（1）选用的绿植宜高不宜低。因为洗脸的房子在家具被搬空以后，空间会非常大，所以点缀的绿植要尺寸大一些，要超预期，让人进屋有"好大一棵树"的感觉。

（2）由于洗脸的房子长期无人居住，绿植的养护不易，所以选用的绿植必须是好养、易打理、生命力强的品种。

（3）关于售卖过程中的绿植养护问题，根据我们的实践经验，请带看中介或房源维护人过来浇水都不太靠谱。这里推荐大家使用自动浇水器，还可以搭配使用缓释花肥片。在无水源的地方或者只有单独一株绿植的地方，可以使用简易自动浇水器。在阳台或花园等有大量绿植的场景，如果有水源和电源的话，可以使用电动的定时滴灌系统。自动浇水器搭配使用缓释花肥片时，可以将缓释花肥片埋在滴水处的土里面，这样就基本解决了带看期间的绿植养护问题。如果你家住得离售卖房子比较远的话，每两周或一个月过来照看一下就行了（如下图所示）。

缓释花肥片使用方法示意图

参考资料

房屋美化，这么做最省钱

7 户外大法：好景观就像聚宝盆

一楼带花园的房子和顶楼带露台的房子会受到很多人的喜爱，一般来说这类房子也是非常稀缺的。对于这类房子，通过户外空间打造来营造销售亮点，会在市场上引起非常多的注意，并且在行情向好的情况下收获超额溢价。即使在行情不好的时候，有户外空间的加持，也可以增加流动性，使房子快速卖出。当在家休息的时候，如果有一个户外空间可以放风，那将是多么幸福的一件事！所以现在户外空间已成为一种刚需。

在钢筋混凝土的城市中拥有一方绿色天地，几乎是每个人的梦想，估计这也是人类对居住空间的终极梦想，所以在城市里拥有一个带花园的房子是让人羡慕的。对于户外空间，只需要简单打造，以简洁、纯色为主要风格，再购置一些精致的花园家具、植物、边框围栏、装饰摆件等，让潜在的买家在进入花园的那一刻就像进入了一个独有的生活场景。花园营造的生活氛围必然会给买家留下深刻的印象，从而有助于房子的销售以及溢价。无论是小花园、狭长花园、小屋花园还是庭院花园，都应该观察一天中不同位置在不同时间获得的光照。你希望花园有什么用途？户外烧烤、围炉煮茶、养花种草、种植蔬菜、日光浴还是户外用餐？

1. 带有户外空间改造的案例

（1）成都玉林西路民宿项目。

这是一套步梯二楼的老破小，小屋的露台正对着玉林西路著名的网红打卡地"小酒馆"，视野开阔，位置绝佳。当楼下熙熙攘攘的人群来围观小酒馆的风景时，可以在这里端起一杯清茶静静欣赏画面里的风景和人，这大约是小屋最与众不同的地方。

小屋最大的亮点是露台，它的改造基本就是由着我们的性子来的。防腐木的栏杆一共安装更换了3次才达到满意的效果，然后铺设防腐木地板，配上户外的桌椅，加上绿植和花卉的妆点，一个既漂亮又实用的户外露台就打造成了。详情请阅读文后参考资料1。

小屋露台改造效果展示照片

小屋露台改造效果展示照片（续）

（2）成都点将台横街民宿项目。

这个房子也是在步梯二楼的老破小。它位于一梯三户的单元，左右各有一套，它是中间户。只有朝着露台这面能够采光，且采光面比较狭窄，大概只有五六米。采光面留给了客厅和主卧，次卧就无法采光了。次卧实际上是隔出来的，原本设计的是一房，只是在实际居住中，把它隔开来作为两房使用。次卧因为无法采光，租金价格只能相对便宜了。

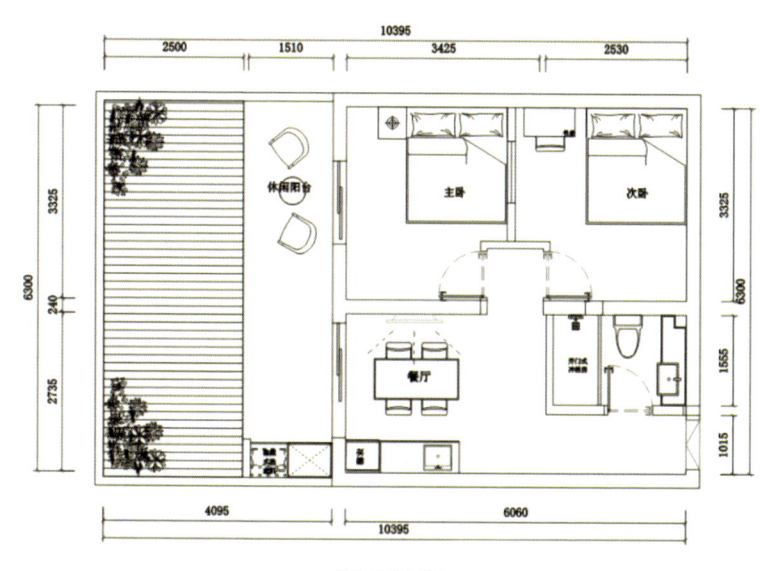

房屋平面图

但就是这样一套无人问津的鸡肋老破小，我们看中了它的户外大露台，经过妙手改造，就让它焕然一新了。详情请阅读文后参考资料2。

露台改造前后对比照片

客餐厅改造后照片

（3）上海盈中新村 34 号售卖项目。

这是一套 61 平方米的步梯底楼老破小，还有一个大硬伤是临马路，很吵，唯一的优点就是有一个 25 平方米的可以独立出入的院子。这套房子以前挂牌 190 万元无人问津，后来业主找到我们做改造后再出售。经过我们改造，房子更换了隔音窗，铺设了地暖，院子也简单改造了一下，只用了两周时间就以 250 万元的价格成功出售。出售时间是 2021 年 12 月，那时的房地产行情已经不好了。买家是位老人，没有时间和精力搞装修，想要地暖，又非常喜欢这个院子，于是就买单了。

7 户外大法：好景观就像聚宝盆

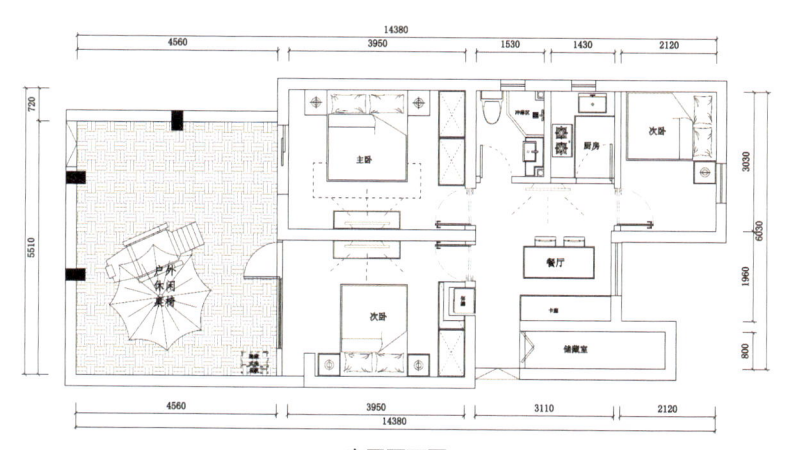

房屋平面图

院子改造前后对比照片

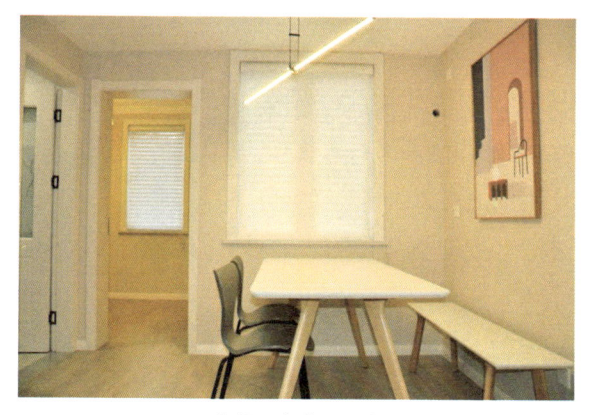

客餐厅改造后照片

主卧改造后照片

这套房子在改造过程中还有个小插曲。业主本来想在院子里面搭建一点空间，但在施工过程中被邻居举报，最后只得作罢。这导致了一些返工，浪费了一些钱，所以最后装修院子的时候，为了节约成本，只是简单铺设了户外塑木地板，放了一桌四椅和一把遮阳伞，又在院墙上安装了一些壁灯。前面两套民宿案例精心布置了绿植，这套房子则完全没布置绿植，但在售卖的时候也非常给力。我们粗略计算了一下，这个房子最后以 250 万元出售，对比原来挂牌价整整高了 60 万元，剔除交易税费、装修成本等，这个院子最少值 10 万元。详情请阅读文后参考资料 3。

（4）上海曲江路 201 弄售卖项目。

这个房子也是步梯底楼的老破小，房产证上写的建筑面积为 73 平方米。

7 户外大法：好景观就像聚宝盆

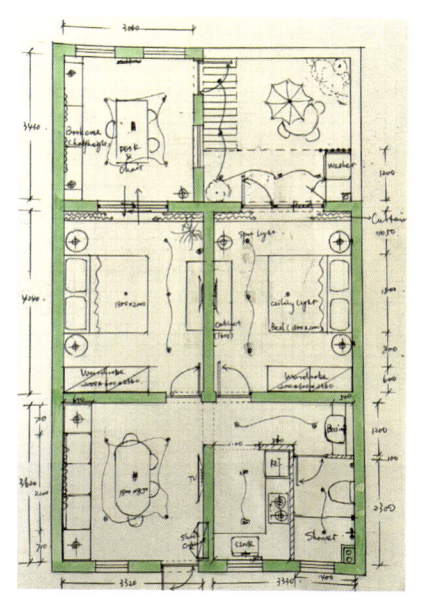

房产证上的房屋平面图

这套房子有一个约 24 平方米的院子，其中有 10 平方米搭建了一个房间，我们在进行改造后将其做成了书房。这个是历史搭建，所以没有被拆除的风险。另外，我们对院子也做了简单处理，台阶和走廊用防腐木包覆，地面铺设地砖，简单摆设了一桌四椅和一把遮阳伞。

院子里搭建的房间照片

改造前的院子照片

改造后的院子照片

7 户外大法：好景观就像聚宝盆

改造后的客厅照片

改造后次卧连通搭建的书房照片（中间玻璃移门在拍照时尚未安装）

改造后的主卧照片

071

这套房子是在2022年9月改造好的，花费了22万元，同样加装了地暖。最后这套房子在2023年3月的小阳春成功以378万元售出，这个价格可谓逆天了。2022年7月30日这套房子正在改造时，链家网显示的一套同小区中楼层同户型的房子成交价才343万元。

链家网售房信息图片

这套中楼层的房子挂牌2天就成交说明价格实惠。上海的步梯房一般共6层，中楼层是最好的楼层，俗话说"金三银四"。我们假设这套房子是三楼（最好的楼层），如果一楼没有大院子的话一般会折价5%。也就是说，我们这套一楼的房子如果没有院子也没有经过改造的话，以326万元成交是可能的。本房业主改造花费22万元，如果装修只是保本无溢价的话，这个房子的底价就是348万元，现在卖了378万元，出售溢价为30万元。

机会总是青睐有准备的人。这套房子在2023年3月售出，可以说是抓住了上海市整个2023年唯一的小阳春。在2022年9月底房子改造完成的时候，我们曾经参加过竣工暖房活动。放盘后的5个多月正是年底行情冷淡的时候。房子漂亮，带看量很大，但是因为挂牌报价高，一直没有诚意客户出价。我们建议业主采用"接口大法"边做民宿边卖。就在业主买好了民宿用品，正准备开业时，就赶上3月的小阳春，理想的买家出现了，于是这套漂亮的房子终于高价卖给了爱它的买家。

7　户外大法：好景观就像聚宝盆

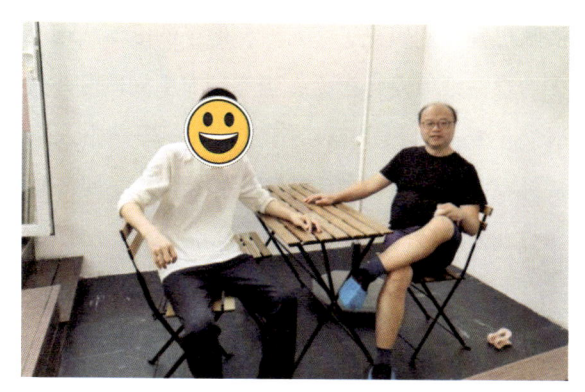

笔者在业主的小院子里与其合影

（5）成都风华苑售卖项目。

前面的案例都是经过全面改造打扮得漂漂亮亮的房子，我们知道，一定有业主诟病这种全面改造花钱太多，他们不想投入或者不敢投入那么多钱。第5个售卖案例就给大家讲述一套花钱不多的房子。

这套位于成都风华苑的房子是一套步梯顶楼的复式房，6楼复7楼，119平方米，3房1厅2卫，外加两个露台，房龄有20年了。房圈的朋友都知道，步梯顶复老破大是超级难卖的品种，业主自己卖不掉，所以找到我们做代售。由于业主预算极其有限，我们没有做大的改造，而是用了洗脸大法中的轻度洗脸。

经洗脸大法改造后的房屋效果

整个洗脸过程我们只花了 2 万元，做了深度保洁和部分小的修缮，刷了大白墙，地板没有更换，厨房和卫生间也没有大动，唯独花费"重金"的是在 6 楼的露台搭建了一个阳光棚，铺了部分地砖。这个户外空间的处理和前面的案例差距巨大，是一种户外空间处理的另类方式，那我们为什么要这样做呢？

经改造的露台照片

所谓的复式，是业主过去利用顶楼客厅层高的优点搭建了夹层，分为上下两层使用，从上层房间出去，外面有一个 23 平方米的露台。

房屋六楼的平面图

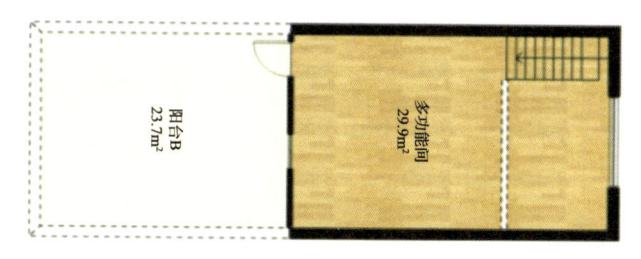

7 户外大法：好景观就像聚宝盆

房屋七楼的平面图

房屋七楼的实景照片

大家从平面图上可以看出，这个房子所谓的 3 房并不是货真价实的 3 房，加建的夹层上面的卧室跟下面客厅的空间是连通的，类似 loft 结构。我们在 6 楼户外露台用阳光板搭建一个阳光棚的用意，就是在带看的时候暗示客户这里可以搭建一个货真价实的房间。我们没有搭建一个真正的房间是因为不允许违章搭建，业主给的预算也不够搭建一个房间。而且，售卖的房子如果出现违章搭建，被投诉不整改的话，会被冻结房产证不能交易，所以我们只能搭建一个阳光棚子来暗示。

洗脸的房子只是干净明亮，产品力不足，所以这套房子我们在渠道运营、销售策略和带看跟进上花了大力气，对周边几乎所有的中介都做了推广话术的培训。从我们记录的实际带看结果来看，大约一半的买家看出了我们户外搭建的暗示。

经过4个月的销售，这套房子在2023年1月淡季出售成功，最终卖给了一对退休的老人。出乎意料的是，这对退休老人在知道房子是顶楼、安装电梯存在不确定性的情况下，仍执意买下房子（房子具备安装电梯的条件，但需要协调单元的住户）。他们说："在这个阳光棚里，我们看到了未来自己可以养花弄草、颐养天年的退休生活。"这个案例是一个非常精彩的故事，详情请参阅参考资料4。

2. 户外空间的具体打造方式

（1）草坪成形。从窗户往外看花园，你可能最先看到草坪。草坪不一定非得是长方形的，可以试试椭圆形、圆形或正方形。

（2）计划种植。最好的花园设计始于植物种植结构，里面可以种满漂亮的开花植物。在每个边界的末端则使用常绿灌木，并在沿途点状使用。更大的区域可以使用小灌木，例如球形植物或大型常绿植物。狭窄、低矮的种植床可以定义座位或用餐区，成排摆放的花槽也可以，建议选择常绿有香味的植物，如薰衣草或墨西哥橙花。容器种植可以提供最大的灵活性，可以最方便的方式移动。

（3）树木遮挡。成熟的树木可以作为构建方案的起点。它们可以阻挡强光，也可以做遮阳帆的锚，安装吊椅、吊灯或悬挂装饰品。如果你住在繁忙的道路附近，树木还可以遮挡不好的景观，帮助过滤噪声和减轻空气污染，为昆虫提供花粉，为鸟类提供庇护所，并将空气中的二氧化碳转化为氧气。

（4）铺装设计。园中小路的颜色和风格以及铺设方式可以让整个花园呈现鲜明的设计感。例如随机铺设灰色或白色图案，营造法国乡村氛围；以规则的黑色或银色材料铺装路面，构成现代风格；而以混合图案排列的金色石材会营造出英式乡村风情。

（5）家具搭配。对于较小的庭院和露台，可以选择折叠家具，或者不用时可以藏在餐桌下面的长椅。对于较大空间，可以安置全套桌椅，搭配配套的椅子、沙发和桌子，或日光躺椅和沙发床，或流行吊椅和秋千座椅。

（6）注意界限。在一个小花园里，围墙、围栏或树篱可能是视野中最大的元素，所以让它们看起来漂亮非常重要。例如木柱不必局限于将花园与邻居隔开，也可以用于构筑休息区，并为边界或路径增添额外的趣味。

户外花园照片

（7）照明选择。说到照明，不要低估其在花园中营造氛围的重要性。与室内照明不同，在花园中做照明可以选择各种光源，从立灯到台灯，再到蜡烛灯笼或悬垂灯泡串。无论选择什么样的照明光源，都会为空间带来个性氛围。

花园照明照片

最后总结一下，户外空间是具有稀缺性的。我们常说的"地段、地段、地段"，其实是"稀缺性、稀缺性、稀缺性"。好的地段是不可再生、不可复制的，所以具有稀缺性。房屋买卖溢价由多种溢价组成，其中最重要的溢价是稀缺性溢价，而不是所谓的装修溢价。所以，如果房子带有面积巨大的户外空间，请务必妥善利用，精心打造，为房子增色。即使一套房子不做大的改造，只是洗把脸就卖，也需要花一点钱和精力去打造户外空间，如成都风华苑案例。这样做在行情好的时候可以打出暴击，在行情不好的时候可以加速出售，这就是户外大法。如果你没有时间或者技术去打造户外空间，可以请专业人士来干这个活。

参考资料

1. 收入翻四倍！业主自述成都
   玉林路老房变身爆款民宿
   成都玉林路民宿项目结案报告

2. 药罐老破小如何十倍收益？
   成都点将台横街民宿项目结案报告

3. 无人问津的硬伤房如何秒售？
   上海盈中新村 34 号结案报告

4. 楼市下行，如何顶住压力成功卖房？
   成都风华苑结案报告

8 拍照大法：如何拍摄卖房宣传照

一套好的"定妆照"是房屋销售的利器，美美的照片是吸引带看流量的法宝。如果你前期花了大力气做改造，却随意用手机拍照或找中介拍摄上线照，可谓万里长征毁在最后一步了，是非常可惜的。对于出售期间还要做民宿的房子，一套好的"定妆照"更是刚需。虽然中介也有专职的摄影师，但他们不会有摆场意识，不会移动任何东西，地上有垃圾桶也不会特意隐藏，而且修图就是简单地提亮、调色，最终效果一言难尽。要拍摄一套好的"定妆照"，首先要寻找一位靠谱的专业摄影师，他需要擅长拍摄室内装修照片或宾馆酒店民宿类照片。有些摄影师虽然技术过关，但是欠缺拍摄室内装修照片经验，需要你从旁辅助。本文的目的不是教你学习如何拍照从而取代摄影师，而是教你如何配合摄影师拍好照片。

所拍摄照片的数量根据房屋大小和使用目的各有不同，通常建议如下。

长租或出售的房屋建议拍摄 10~15 张照片，最后精修 9 张照片以九宫格的形式发朋友圈。民宿拍照的数量要多一些，质量要求也要比长租或出售的房屋更高。1 房建议拍摄 10~15 张，2 房建议拍摄 15~25 张，3 房和 4 房建议拍摄 25~45 张。民宿照片需要全景图、中景图和近景细节图搭配。房屋设施比如厨房、卫生间、阳台的设施和床铺数量等要表现完整，否则上线审核可能通不过。

找摄影师询价的时候要商议好最后精修照片的数量、未精修的原片是否全给等。拍摄时间除了参考摄影师的档期，最好查看一下天气预报，挑选一个光线好的时候。

拍摄前要完成全部软装的摆放，如果别的房子里有好看有趣的花瓶等摆件，可拿到现场。如果床品使用的是酒店布草，最好备一条休闲毯放置在床上，以避免纯白床品过于单调。高品质的花瓶摆件较贵，如果不想买太多摆件，可买一套15本左右黑白调的假书，价廉物美又百搭。

拍摄时即使是白天也请打开所有的灯具。除非窗外景色绝佳，否则请把所有窗户的纱帘拉上。很多房屋的窗外景观并不是太好，尤其是老小区，外立面斑驳破旧，最好拉上纱帘，不要让它们入镜。纱窗和窗户防护栏、阳台防护网等影响颜值的东西如果一定要安装，请在照片拍好之后再安装。

高端租赁房屋的"定妆照"

上面两张照片是某高端租赁物业的照片，业主在拍照前自行安装了金钢网纱窗和防护栏，我们只好请摄影师拍照后修图时把它们修掉。摄影师进到房间后，第一件事是要告知他，现有软装摆件不是绝对不能改变的，摄影师可根据自己的构图和想法移动各种小件家具，如边几、单人椅、盆栽植物等。没有经验的摄影师往往是你摆成什么样子他就拍成什么样子，不会移动任何物件，有经验的摄影师则能够根据构图调整搭建场景，所以给予摄影师创作自由是很重要的。

飘窗场景照片

上面两张照片中的飘窗构景就是摄影师拍摄时创造性地从别的地方挪动了花瓶，再加上假书搭建的。如果你只有一套房子，软装摆件也不想买太多，那么借用别处的摆件是一种不错的做法。比如你拍摄卧室时可以借用一下客厅的摆件。

厨房和卫生间照片

上面两张照片中原来厨房和卫生间的台面过于单调，于是借用了前面展示的飘窗上的花瓶和假书。摄影师拍摄时，你要配合移动这些摆件到合适的位置。一些凌乱的物件，比如不太好看的垃圾桶等，要注意隐藏，不要让它们出现在镜头里。如果房屋是用做民宿，精心挑选的高颜值垃圾桶有时可以入镜。另外，凌乱的台灯灯线、空调插座电线等要尽量整理好并隐藏。

落地灯插座线摆放照片

上面这张照片中的落地灯插座线，拍照时我们进行过精心整理，只露出一小段，这样后面修图的时候就容易把它修掉。拍照时建议大家带一些绑扎带和胶带，用于收束固定这些电线。

最后谈一下修图。摄影师将初步筛选的照片发来之后，很多业主只知道选图，而不知道如何提出修图意见。这里说几条常规建议供大家参考。

照片整体的色调要统一，如果墙面刷的是有颜色的漆，建议色调调整后尽量接近裸眼看墙漆颜色的感觉，因为墙面通常会占据一张照片的大部分面积。如果房间是大白墙，建议以地板颜色为准来校正照片色调。如下面两张照片，同一房间，左边照片的墙面颜色过重失真了，右边照片则是调整过色温的。另外，要注意不同房间照片的色调要统一，不能一套照片的色调有的偏暖、有的偏冷。

同一房间调整墙面色调的对比照片

拍摄画面中如果有窗户，通常光线会过强，可以降低局部曝光度，增加窗外景观的清晰度。如下面两张照片，左边的照片曝光过度，右边的照片为降低曝光后的效果，可以看到，窗外的标志性建筑更加清晰。

房间调整曝光度的对比照片

穿帮的镜头要注意修改，特别是有镜子的地方。下面的照片中镜子左侧的相机镜头穿帮了，需要修图时修掉。

8 拍照大法：如何拍摄卖房宣传照

镜头穿帮照片

电视机或玻璃门窗等反光太强的地方可以调整一下，如下面两张照片，左边照片中电视机和玻璃移门的画红圈处反光太强，右边为修正后的照片。

房间调整反光的对比照片

其他一些不美观的东西可以在修图时去掉，如下面这张照片，可以要求摄影师将顶上的晾衣杆修掉。

085

需要修图时调整的不美观物件示例

下面这张照片中，门上贴的贴纸没有用除胶剂去除，需要修掉；还有门框边刷墙漆时留有不整齐的白边，也可以在修图时修齐。

需要修图时调整的不美观位置示例

房屋改造好之后，想要拍摄一套好的"定妆照"，首先，要有优秀的摄影师；其次，你跟摄影师的沟通配合很重要。以上就是我们拍摄"定妆照"的一些经验总结，希望对大家有用。

9　对角线大法：如何使出售房屋显大

租售改造设计的一大原则就是"带看空间显大"。一套房子的房产证面积和实际体感面积是不一样的，其中，除了公摊面积带来的体感差异，还有视觉效果带来的体感差异。同样是房产证面积100平方米的房子，有的房子走进去感觉只有90平方米，有的房子走进去感觉像是有110平方米。如果这两套房子同时挂牌出售，这"一进一出"足足有20平方米的体感差异，那自然是体感面积大的房子占优势。虽然公摊面积我们不能改变，但视觉效果我们是可以改变的。

本文介绍一种增大空间感的魔法：对角线大法。这应该属于室内设计的范畴，但我们的目的不是教大家做室内设计，只是让大家了解这种视觉空间增大魔法的概念。

对角线大法是指使一个房间的对角线上尽量无阻挡，对角线的长度尽量长。下面我们用成都华宇蓉国府案例来解释一下。

成都市武侯区华宇蓉国府这套房子，建筑面积为48平方米，有1房1厅1卫，改造前租金为3000元，改造后租金为4800元。关于这套房子，有一个比较精彩的故事，详情请参阅文后参考资料。

原始的户型平面图与设计师手稿

上图中左边是原始的户型平面图，右边是改造时的设计师手稿。改造后，厨房的两堵隔墙被拆除了，做成了开放式厨房。改造后，对比原始户型，客厅、餐厅、厨房区域的两条对角线都可以无阻挡拉通，这样视觉上空间就显得大了。

应用对角线大法改造前后的户型对比照片

上图中左边是原始户型的照片，右边是同样视角下改造后户型的完工照，房间显得大了很多。

9 对角线大法：如何使出售房屋显大

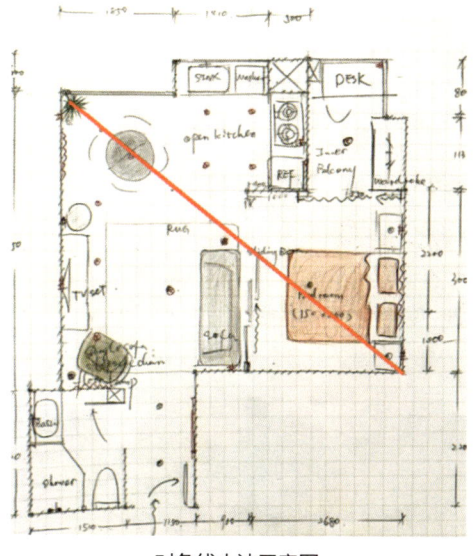

对角线大法示意图

如上图所示，我们再来画一条对角线，从阳台左上角一直画到卧室右下角。这里设计师将卧室的门改成了三扇大移门，当白天移门打开后，整个空间对角线上的视线无阻挡，空间感拉满，48平方米的房子做出了60平方米的感觉。

应用对角线大法改造后的户型照片1

089

下面是这套房子的其他美图。

应用对角线大法改造后的户型照片 2

看了上面这个案例，大家应该已经对对角线大法有了初步的了解。该方法在小户型房子上应用尤其广泛。

下面再来看一个长沙的案例。这套房子是长沙保利天禧 109 平方米的 3 房 2 厅 2 卫，是一套交付的毛坯新房。近年来品牌开发商交付的房子户型比以前的房子要合理得多，所以这套房子我们没有大拆大改，只是把原来封闭

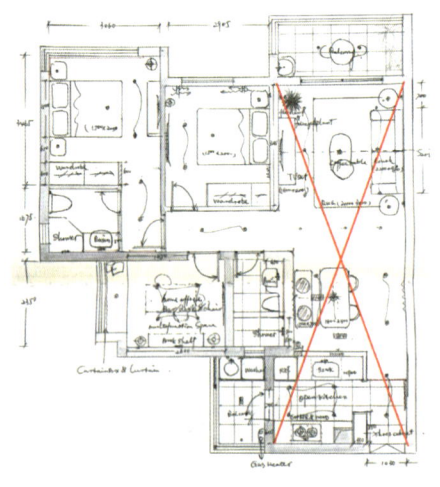

对角线大法改造示意图

式厨房的一面墙砌筑成 1.1 米的矮墙，做成了半开放式厨房。如下图所示，厨房采用矮墙以后，这个客餐厅的两条对角线在视线上都可以拉通。

下面呈现一些实景效果照片。

应用对角线大法改造的房型实景效果照片

对于这样一套刚需紧凑小三房，运用对角线大法就把客餐厅的空间感和通透感做出来了。在我们对这套房进行改造的时候还发生了一个有趣的故事。这套房的业主是我们上海的一位老客户，他买这套房是为了投资。由于刚刚交房，离套现离场时间还远，他委托我们改造后出租。当时业主对于半开放式厨房并不认可，因为他认为长沙本地人都喜欢爆炒，于是我们定制了一个铝合金玻璃的门连窗，准备把厨房再封闭起来。

结果门连窗还没来得及安装，这套房子就租出去了，租金是7000元/月，客户是一个网红。当时是2021年9月，同时期同小区100平方米左右带装修的小三房租金是3500元/月，我们这套房子的租金翻了一倍。因为租客看房时就是上面实景图的状态，我们在租客入住前特意问了一下要不要用铝合金玻璃门连窗把厨房封闭起来，结果租客说不要，于是已经制作好的门连窗就只能待在工厂老板仓库里面吃灰了。

什么样的房子吸引什么样的客户，我们这样高颜值的带开放式厨房的设计吸引的就是不偏好爆炒的客户。"开放式厨房解决眼睛问题，封闭式厨房解决肚子问题。"我们通过多年的租售改造实践总结出的规律就是：愿意支付这样高租金溢价的客户，更愿意满足眼睛而不是肚子。

通过上面两个案例，希望读者能对对角线大法有一个比较形象的了解，今后改造房子的时候不妨也用一下这个神奇的空间增大魔法。

参考资料

你的房子决定了你的租客：记我的两次丑房改造
成都华宇蓉国府结案报告

10 摆场大法：打造买家向往的生活方式

现在卖房越来越难，老破小、老破大、顶层就更难。如何使房子从竞品中脱颖而出，让中介愿意带看，让买家愿意上桌谈判？其中一个重要因素就是房子的颜值，漂亮的房子总是让人心动，让人念念不忘，就像漂亮的女人让人难忘、"不愁嫁"一样，所以卖房子前还是要将房子打扮一下。由于"重装饰、轻装修"的概念越来越深入人心，业主肯定会考虑卖房成本，希望少花钱装出高颜值的房子，让买家一进门就有"眼前一亮"的感觉。其中，软装搭配肯定功不可没，软装搭配不仅能提升房子颜值，还能提升房子品位、温度、质感，传递美好的生活方式，营造令人向往的生活场景，所以卖房前提升软装很有必要。

软装搭配建议找专业的软装设计师来做，俗话说"七分设计，三分摆场"，摆场也是软装设计中的重要一环。同样的东西，不同的人摆出来，效果完全不一样。但是现在很多低成本软装改造的场合，软装设计师无法亲临现场来做摆场。这时，业主本人可以先按照平面图将大件家具摆好，挂画、窗帘和灯具先安装就位，小件家具和摆件先按自己想法摆放一遍，然后将现场照片和视频发给软装设计师，再约软装设计师远程指导摆场。软装摆场的现场感觉很重要，小件物品的摆放并没有绝对唯一的标准答案，可根据个人审美和现场感觉做调整。

本文选择了焕新研团队改造实景图片,按照家居常见的软装分类(包括家具、灯饰、窗帘、布艺、装饰画、装饰小摆件、绿植花艺、地毯等要素),教大家如何在软装上花少量的钱装出让买家看了就喜欢、有代入感的效果。

摆场就是将软装设计落地安装的过程,即根据设计图纸将软装物品摆放到指定的位置。要想科学有效、省钱省时地摆场,摆场顺序非常重要。

软装进场顺序:全屋开荒保洁→保护摆场现场→灯具→窗帘→活动家具摆放→挂画→布艺床品抱枕→绿植花艺→地毯→小装饰摆放→细微调整→最后保洁→定妆照。

摆场后的房屋照片

1. 全屋保洁,现场保护

在硬装完成后、软装进场前,需要对全屋做开荒保洁。几个月装修所产生的粉尘和装修垃圾很多，比如水泥块、瓷砖、油漆桶、玻璃胶、定制柜残料等，要及时处理或清除出去，防止家具进场后粉尘太大引起污染。

深度保洁完成后，要做到房屋无任何垃圾、粉尘，无卫生死角。很多软装家具饰品现在可以网购，一套房快递包裹能有100多件，同时堆放在房间要占很大地方，而且安装组合要在房间完成，所以地面一定要做保护（尤其是木地板），如用薄膜、包装厚纸皮垫在地面上。容易磕碰损坏的地方则要做好防护，如房间转角墙面、狭窄走廊墙面、门及门套等，以防在搬运软装家具过程中被损坏。

2. 灯具安装

要最先安装灯具，而不是大件活动家具。因为灯具安装需要用到电钻，会造成大量粉尘，在活动家具饰品进场前要做到场内无任何粉尘，以免造成污染。拆开包装后，要及时清走打包木架、包装纸、打包泡沫等。吊灯安装高度非常重要，一般为：

（1）客厅吊灯安装高度为离地 2~2.2 米（层高按 2.8 米计）。

（2）卧室吊灯安装高度为离地 1.8~2.2 米（层高按 2.8 米算）。

（3）厨房中岛台吊灯高度为离台面 0.7~0.9 米。

（4）卧室壁灯或小吊灯要离床头柜 0.3~0.5 米。

（5）客厅落地灯虽然不需要墙面固定，但是落地灯摆放位置和角度很重要，一定要按设计图纸要求摆放。

吊灯安装注意事项有：因为吊灯多为玻璃、金属等材质，需要安装师傅佩戴手套以免弄花。光源一定要统一色温，营造温暖明亮、有层次不乏味的氛围感。新装的灯挂起来要做防尘保护，可以

灯具安装高度效果照片

先用保护膜把它包起来，等全部软装安装完，再把保护膜拆下来，这样就不需要二次清洁了。

光源色温调节效果照片

3. 窗帘安装

罗马杆、轨道安装也需要用到电钻，会造成大量的粉尘。在罗马杆、轨道安装完成后，可以先不挂窗帘，避免弄脏，等软装全部安装完成后再挂上窗帘。

（1）安装窗帘注意事项：若装修时没有做窗帘盒，可以考虑用罗马杆。现在罗马杆款式多样，美观大气，而非以前那种传统的深木色罗马杆。罗马杆的安装高度要接近天花板，这样会显层高且大气。

（2）若有窗帘盒，安装导轨，两侧导轨需要交错安装，拉上窗帘后不会留缝漏光。

（3）窗帘挂上去时一定要熨烫。由于窗帘在运输过程中被挤压，可能有很多皱褶，用蒸汽熨烫后会更显质感且有档次，再贵的窗帘不熨烫都显廉价。此外，蒸汽高温熨烫还可以去除窗帘纺织品上的甲醛，是一种纺织品去甲醛的好方法。

4. 活动家具摆放

当灯具、窗帘杆安装完成后，粉尘基本不会产生了，就可以联系快递公司安排活动家具送货进场了。

现在大多数家具都是网购的，为了防止磕碰损坏，厂家都会层层包裹。家具的包装有木架、编织袋、包装纸皮、气泡膜、泡沫等，打开包装以后，要及时把包装垃圾清走，以免占地方，而且，气泡膜、泡沫等质轻，遇风就到处飞，需要及时处理。

先进场大件的家具，如客厅沙发、餐桌、床及床垫，最好一步到位，直接摆放在设计位置。需要组装的家具，也要尽量一次到位，避免二次加工，过多的拆装会对家具造成一定的损坏。大件家具安装完成后，就可以摆放小件家具了，如单人椅、茶几、边几、床头柜、餐椅等，需按设计平面图来摆放，一次到位。

家具摆放效果照片

5. 挂画

装饰画是可以快速提升空间氛围感的最省钱出效果的软装单品之一。

（1）装饰画分类。墙面挂装饰画大致可分为：印刷画、肌理画、装置画、实物画（如装饰挂钟）、装饰镜。可根据房间的颜色、风格来选装饰画，尽量不要选具像画，而要多选择抽象装饰画，画中颜色和房间装饰要有所呼应。

装饰画摆放效果照片

（2）挂画高度、幅宽。挂画高度按设计图纸要求来，切记别挂太高，一般以画的中心点到地面 1.5~1.7 米为宜，正好在人眼平视范围内。如果是组合画，两幅画之间距离为 10~15 厘米，多幅画相邻两幅之间距离为 5~8 厘米。

（3）挂画方法和挂钩选择。如果对挂画尺寸和高度没有概念，可以先在挂画位置用美纹纸按画的大小、高度把位置框起来，感受一下装饰位置、高度，再适当调整到满意位置，最后用水平尺或水平仪来确定挂钩的位置。

要根据画的重量来选择挂钩：墙面膨胀螺栓的承受力强，适合挂重的大幅装饰画，但需要用到电钻；无痕钉可以承重 20 公斤，使用方便，不需要钻孔；无痕魔力扣不用打孔，不伤墙面，可以挂轻点的装饰画。懒人挂画法就是直接把装饰画摆在沙发靠背上或装饰柜、玄关柜上，有一种松弛感，更换起来也方便，简单省事，是现代时尚挂画的一种形式。

6. 布艺床品抱枕

床品摆放。有业主会问卖房是否需要放床品，答案是最好放，因为纺织品给人以温暖舒服的感觉。样板房通常都会铺好床品，就是为了让人有代入感。选择床品四件套时，低饱和度的纯色是不会出错的选择，再加上有色彩的装饰盖毯，卧室的视觉亮点一下就出来了，也给人以精致感。床头枕头建议放四个，两大两小，给人以温暖舒服、立体饱满的感觉。床品要铺叠整齐，最好烫平，让床品变得有质感显档次，这些都是不需要花钱却显高级的方法。

床品摆放效果照片

沙发抱枕摆放。抱枕是家居中的"慵懒小神器",是家居色彩点缀"小能手",虽然占据空间不大,但表现力强,还可以随意更换颜色,性价比高。沙发上的抱枕不要依次排列,最好两个一组或者三个一组摆放,且不同大小、颜色、材质、肌理的抱枕组合放,显得有灵动感。单人沙发要选腰枕形抱枕,且要同沙发颜色有反差。选择的抱枕一定要饱满,弹性好,蓬松度好,显得档次高。

沙发抱枕摆放效果照片

7.绿植花艺

绿植给人以清新干净的感觉，算得上花小钱有大效果的软装单品，一盆 1.5~1.8 米的琴叶榕只需要两三百元，但放在客厅里就能营造满满的高级感。

（1）客厅绿植的选择和摆放。适合放在客厅的便宜且有颜值的绿植有天堂鸟、琴叶榕、龟背竹、散尾葵、幸福树、柠檬树、百合竹、鸭脚木、千年木、量天尺等，这些植物一般放在沙发或电视柜旁边，高度大致为 1.6~1.8 米，要跟沙发、墙面装饰画、沙发旁落地灯形成高低差，让空间有层次感和韵律感。

新买的绿植在运输过程中会出现叶子损坏和发黄的情况，一定要进行修剪，把坏叶和黄叶剪掉，修整好形状，给人新鲜有生命力的感觉。新买的绿植一定要配套盆，可以在购买时让卖家配好。配盆起到美观的作用，宜选择白色或黑色简洁款，这是不出错的颜色搭配。

（2）花卉的选择和摆放。鲜花是最让人有幸福感的软装单品之一，单色组合成一簇最好，高雅不俗，可选择白色大花蝴蝶兰、玫瑰花、雪柳、百合、郁金香等。花器选择也很重要，正所谓"好马配好鞍"，花器材质有玻璃、陶瓷、土陶、亚克力等，颜色有白色、灰色、米白色、黑色。如果不知道如何选花器，就选透明玻璃的，简洁又大方。

如果觉得打理植物很费事，可以选择仿真植物、永生花。仿真植物虽然比真的缺乏生命力，但不需要打理，省心省力，现在仿真植物做得都非常真实了，品种花色的选择范围也广。

（3）装饰品摆件。装饰品摆件可以提升空间的品位和艺术性，摆不好会拉低档次。摆件不在于多而在于精，摆放方式很重要。

饰品摆放原则：饰品最好组合摆放，不要大小一样，要有主次、高低、大小、材质变化，错落有致，有韵律感和灵动感。小件饰品组合摆放要前低后高、前小后大，这样才有展示性和空间感。**组合摆放最好三个一组，三角形构图法摆放给人稳重、灵活、均衡的感觉，不要放在一条线上，显得无主次。**若组合摆件无法形成高低错落感，且摆件中有花瓶，可以插上植物来提升高度，在满足层次感的同时增加内容。

常用装饰摆件种类：花瓶加花、器皿、陶瓷、烛台、书、盘子、装饰画、小陶瓷饰品等。

装饰摆件效果照片

8. 地毯

很多业主觉得客厅没必要铺地毯，不实用，但如果想快速提高房屋颜值，在沙发处铺上大小合适的地毯可以瞬间提升房屋品质，凸显家具调性，增加层次感。其中，麻质、毛质的地毯让人感觉柔软和温暖。

铺地毯效果照片

在铺地毯前要把地面清理干净。地毯尺寸要根据沙发的摆放方式和大小选择。以一字排沙发举例，地毯要比沙发左右两边各宽10~20厘米，沙发前腿压在离地毯边缘20厘米的地方，这样铺的地毯最美观，稳定性好。

当以上所有软装饰品完成摆放，再挂上窗帘，就可拆掉吊灯保护膜，并适当调整房屋软装摆放效果了。最后再做一次深度保洁，请摄影师为房子拍"定妆照"，上市为它寻找新主人。

第 2 章

运营篇

11 代理大法：业主需要"自己人"，帮你规避"卖房坑"

提到卖房，大部分业主认为，把房源在各大中介 App 或网站上挂牌展示，等待中介带看就好，但实际上，即使是自己的房子出售，也需要找个代理人来帮着卖。接下来请看卖房需要代理人的十大理由。

1. 业主需要一个在同一战壕的"战友"

房产中介提供的是居间服务。居间的意思就是站在买家和卖家之间，从中撮合成交。他们不会总是倾向于任何一方，他们的一切工作都是为了成交、拿到业绩，所以他们的天平随时会倾向于买家或卖家。砍上家、拉下家也是他们常有的操作，涨时助涨，跌时杀跌，只会做锦上添花的事情，不会做雪中送炭的事情。但是，单边的卖方代理人是坚定地和卖家站在一起的，其工作本质是为了卖家的利益，整合全部资源，成为服务的提供者。卖方代理人的工作重心和房产中介有本质上的区别。卖方代理人是跟业主同一战壕的"战友"。

市面上已经有很多所谓的"管家公司"了，他们通常提供单边的买方代理服务，为购房者提供选筹咨询、笋盘推荐、财务规划等服务。在房地产市场行情大热的时候，这种"管家公司"大行其道。现在市场行情不好了，房子难卖了，单边的卖方代理服务应运而生。在市场不好的时候，卖房的难度远超买房的难度，这种单边的卖方代理服务是"小荷才露尖尖角"。

2. 电话轰炸有人帮业主挡

很多业主在卖房时会去申请一个新的手机号，因为在卖房过程中一定会受到各种房产中介电话的密集轰炸，很多房产中介每周会例行打电话问你房子是否还在卖，即使房子卖掉了还会不断打电话。为了避免骚扰，业主们都用新手机号去跟房产中介联系，这已经是卖房的基本操作了。但是，如果有代理人的话，这些电话就全部由代理人接听，不会打扰业主的工作、学习和生活。

很多房产中介的电话会打击业主的信心，但这是他们的例行工作。这种电话接多了，业主难免会有点心烦意乱，甚至有些脾气急躁的业主会和房产中介在电话里面争吵，这种争吵既损了渠道又伤了自己。专业的代理人则会耐心地接听每一个电话，耐心地与房产中介周旋。无论房产中介说什么，代理人都会耐心听完，然后说："销冠你好，你说得很有道理，我非常赞同，业主只是现在有点想不开，我会劝劝业主，业主若能早日开窍，这个房子就能早点卖掉。业主现在不在本地，委托我做这个事。咱们一起努力推一推这个房子，我也好早点了结这个差事。带看有小红包，成交有大红包，欢迎多多带看，多谢了！"

3. 售前美化有人帮业主做

本书前面所写的改造大法、洗脸大法、贴膜大法和归零大法等其实都属于售前美化的范畴。如果要做大的改造，装修一套房子就像脱一层皮，大量时间和精力都要投进去。洗脸大法要轻松一些，但也有很多琐碎的事情。若有代理人在，便由他张罗这些事情，业主只管付钱就好。

租售改造是很有技术含量的，跟一般自住改造完全不一样。普通业主没有相关经验和技术很难自学成才，因为也就这么一两套房子，没有时间、精力和金钱去不断试错改进。代理人则可以帮业主对接专业做租售改造的设计和施工团队。售前美化改造实际上就是打造一个用于租售的产品，有些人只重视销售渠道的运营而忽视产品的打造，这是不可取的。一套房子要卖得好，产品和运营两手都要抓，两手都要硬。

4. 市场调研有人帮业主跑腿

知彼知己，百战不殆。卖房前充分了解市场行情和竞品态势是非常重要的。房子的定价是需要细致入微的市场调研才能确定的。常听人买房时说要"看房 200 套"，其实卖房的时候也要"看房 200 套"。普通业主没有时间和精力去做线下的竞品调研踩盘，大多数就是做一下键盘调研，或者听房产中介建议就大致定一个挂牌价格。专业的代理人会花时间线下踩盘，亲自进入竞品房间去详细了解房子的各方面信息。比如为什么挂牌价格高，为什么挂牌价格低，有没有硬伤，业主情况如何等。市场调研之后，代理人还会制作几十页的 PPT 提案，给出精准定价的建议。

5. 销售渠道推广更加专业

普通业主卖房就是在小区周围的房产中介挂牌，然后回去守株待兔。专业的代理人会做房产中介的渠道裂变、组织开放日等，在房源上线初期尽量提高线下和线上的曝光度。房产中介行业也有二八现象，80%的房子是由20%的明星经纪人卖掉的。专业的代理人通过前期的市场调研，与房产中介进行深度沟通交流，顺便把区域内的明星经纪人摸排出来，在后续出售过程中有针对性地为这些明星经纪人制定激励机制。

由于专业的代理人长期从事代售业务，在本地各大区域都做过销售渠道建设，所以其做外区引流比本区域房产中介更有优势。我们的经验是，外区域的房产中介带过来的客户通常会给出不错的成交价格。在有投资需求的区域，专业的代理人还可以对接各大做买方代理生意的"管家公司"，从而引流投资客户。总之，网撒得越大，网到鱼的可能性就越大。

6. 带看跟进更加紧密

普通人卖房，把钥匙往房产中介一放就不管了，对带看次数、带看情况、客户画像一概不知。房源维护人只知道带看次数，如果时间久了，具体情况维护人也说不清楚。以前行情好的时候，可以这样佛系卖房，干等着买家"从天上掉下来"，但行情不好的时候，如果带看跟进不紧密，等人出价上桌谈判，可谓是"一桌难求"。在买方市场，竞品太多，买家的选择面太广，如果带看跟进不紧密，买家怎么会来上这一桌？房产中介每天都要带看很多买家、很多房子，如果不跟进，他们可能都忘了这一套房子。

专业的代理人会为业主的房子安装密码锁，每次带看都会发临时密码给房产中介，并查看开门记录，以确定当天是否真的有带看。带看后会及时跟进，了解并记录每一次带看情况，例如买家情况、买家对房子满意的地方和不满意的地方、买家是否愿意出价、买家进一步的打算、买家还在看别的什么房子等。这些内容都会记录在带看记录表上,代理人会定期回顾带看记录表,主动联系跟进重点意向买家,促成上桌谈判。上桌的机会就是这样一点一点争取来的。

7. 信息更新有人帮业主做

卖房子可能是一场持久战,而市场情况是动态变化的,即使房屋挂牌前做过详尽的市场调研,时间长了也会过时。可能有新的竞品冒出来,可能老的竞品降价了,可能有竞品卖掉了。我们需要时刻紧盯市场,更新竞品信息,有针对性地调整挂牌价格。但是如果业主工作很忙,没有时间和精力去紧盯市场动态,那么就需要有一个专业的代理人来做这件事情。专业的代理人会以卖房日记的形式定期向业主汇报。卖房日记会更新带看情况、竞品动态、沟通信息、政策面消息等,让业主"足不出户可知天下事"。

8. 上桌谈判有人保驾护航

大多数人其实并没有商业谈判经验,是凭本能上桌谈判的。谈判这件事,有的人天赋异禀无师自通,但大多数人是需要大量练习才能小有所成的。奈何卖房这件事,大多数业主一辈子也就经历一两次,所以大量练习无从谈起。还有的业主根本不适合谈判,喜怒哀乐溢于言表,没法做出"扑克脸"。这个时候,若有身经百战的专业代理人陪同上桌,就可以避免经验不足的缺点。还有的业主不在本地,要上桌谈判只能委托他人,这个时候委托同样欠缺经验的亲戚朋友不如委托专业的代理人。

有专业代理人陪同上桌谈判,用"红脸/黑脸"策略、"我有一个坏老板"策略等会更加自然。当房产中介偏袒买家的时候,始终有专业代理人站在业主一边，最大限度地为业主争取利益。

如果买家报价太低，很多业主就会拒绝上桌谈判，认为差距太大，上桌谈判浪费时间，但是专业代理人不管价格高低都会上桌谈判。不上桌永远没有机会，再渺茫的机会专业代理人都不会错过，因为很多奇妙的事情只有上桌才会发生。买卖谈判除了有理性的成分，还有感性的成分。有的房子成交就是因为买卖双方看对眼了。所以，也许业主没有时间每次出价都上桌谈判，但是专业代理人不会放过每次上桌谈判的机会。

9. 租售并举有人帮业主对接

如果不急售，行情又不好，短时间无法卖出心理预期的高价，可以尝试"接口大法"租售并举。租赁和出售看起来是两件事，其实这两件事是不分家的，租赁做得好，出售也会大受裨益。我们的专业代理人在帮业主卖房子之前都是玩高端租赁和民宿的高手。所以如果市场行情不好，暂时不想卖了，可以转长租或者民宿。最理想的是用民宿"接口大法"，边做民宿边卖，既有租金收入流水，又方便带看不影响出售。如果业主没有时间和精力，代理人可以对接专业的民宿运营团队做全托管；如果业主想自己操作，代理人可以对接线上民宿代教老师，手把手教业主运营民宿。

10. 退居二线比站在一线更好

如果业主自己站在一线卖房，经常会接到房产中介打来的电话："大哥，我这里有个买家看上你的房子了，你房子底价多少能卖？"这个时候请记住，业主回答任何数字都是错误的。如果业主回答了一个数字，房产中介就会锚定这个数字，下一次继续用或真或假的买家出价来打压业主。专业代理人在这个时候可以祭出"好说大法"：先带看，价格好说。反正原则是不上谈判桌绝不亮出底价。具体让代理人去周旋，比业主自己去硬顶更好更自然。

在谈判桌上也一样，当背靠背谈判的时候，买家中介有可能强势地说："买家就出这个价了，你不答应，买家就走了，你连买家面都见不着！"这个场合若有代理人为业主周旋，比业主直接面对要好很多。总之在卖房过程中的很多场合，业主退居二线比站在一线更好，一切由代理人来周旋。

最后总结，要卖房时业主最好选择一个为自己着想的专业代理人，由代理人来做售前美化的项目管理工作，对接和管理各种房产中介渠道。这样业主就可以从束缚中解脱出来，只要定期从自己的代理人那里了解带看进度就可以了。代理人经过详尽的市场调研，会为业主提供当下的市场情况、竞品分析、预计售卖的客户画像定位及更精准的定价，并提出能把房屋更好更快卖出去的建议。当锁定了意向买家后，由代理人出面帮助谈判，促进成交，谈成签字时业主再出现就好了。

在专业代理人的协助下，业主会顺利走完全部卖房流程，在卖得快、卖得好和卖得高的不可能三角中，取得最大平衡。

参考资料

1. 为什么卖房还需要代售？

2. 季老湿团队的代售业务是如何进行的？

12 接口大法：边做民宿边卖房

"接口"，顾名思义，指在一个很短的时间内的停留和转向。在我们卖房子的时候，无外乎有四种状态：空置、民宿、长租和自住。我们把这四种状态称为四个接口，在卖房前的准备工作中，可以在这四个接口中来回转换，从而达到不同的目的。接下来就浅谈一下这四个接口的应用。

1. 空置接口

空置因为带看方便，所以是绝大多数业主采用的卖房方式。就好像在说，没人住在里面了，随便你们怎么看吧，哪怕搞得再脏再乱，眼不见心不烦。我们见过太多的房子空置很久以后的状态，家具上的浮灰风一吹就能扬起来，长时间不用的下水管泛着恶臭，整个房子状况很差。其实在专业人士的眼里这叫暴殄天物，房子是有生命的，不应该让它失去温度，哪怕只是隔三岔五租出去，也好过长时间空置。如果把房子看成自己女儿的话，出嫁时总要收拾收拾吧，洗把脸、化个妆还是有必要的，至于具体如何洗脸化妆在这里就不赘述了。

我们来聊一聊在以下两种状态下，空置出售应该如何做，才能让房子更容易出售。第一种是毛坯房空置，不要认为毛坯房就没必要做什么了，其实恰恰相反，毛坯房也可以引发客户的丰富想象，比如把地上的浮灰打扫干净，把房间的白炽灯泡换成大功率吸顶灯，也可以打印一些效果图贴在墙上引发客户的想象，总之我们要做的就是展现业主的卖房诚意。

第二种是带装修空置出售，除了洗脸大法改造以外，我们还可以增加房子的温度，设置一些小场景，比如充满绿植的露台，比如可以坐在上面静静发呆的休闲躺椅，比如可以一边撸猫一边品茶的角落等，再将这些温度传递给新的买家，一旦产生共鸣，房子就容易卖掉了。

空置卖房虽然方便带看，但是也有一个重大缺点，就是空置期间没有租金收入。如果市场行情不好，业主又不愿意降价的话，可能需要等待很长时间才能卖掉。而且，房子长期空置，业主的心里也会产生压力，以后即使卖掉了也会后悔不如先出租等行情回暖以后再卖。但是，一旦出租，带看就不方便了，等行情好了因为租客不配合带看，很可能错过售出窗口期，或者因为租期较长，可能影响买家的购买意愿。是否有两全其美的办法？有的，就是我们接下来要讲的民宿接口大法。

2. 民宿接口

民宿是我们最常用的接口之一，通常情况下这是在长租不方便带看或者售卖短时间内无法实现时的应对良方。民宿运营相对于空置卖房或租赁有以下优点。

有现金流入，相比空置卖房，业主心态更加从容；带看期间屋况的保持和维护有保证，相比长租屋的屋况更好；方便房产中介带看，长租就不方便房产中介带看；如果市场行情不好，可以打持久战，耐心等待出售窗口期；民宿待售状态下业主可以接受交易周期比较长的置换买家，比如买家首付网签后要求半年的交易周期，我们可以继续做民宿赚钱，直到尾款收到交房为止。

民宿接口的介入有助于业主的现金流回血，对冲空置带来的焦虑。有了民宿带来的现金流，业主更容易保持积极的心态，耐心等待更加优质的买家。

下图是上海市吴中路889号一套162平方米待售房子的民宿预订情况。2023年5月该房的毛流水高达2.5万~3万元，扣除运营成本和民宿代运营费用后，净利润为1.6万~2万元。有了这样的现金流补充，即使拉长售卖周期，业主的心态也不会失衡，没有合适的买家就慢慢卖，直到售出。

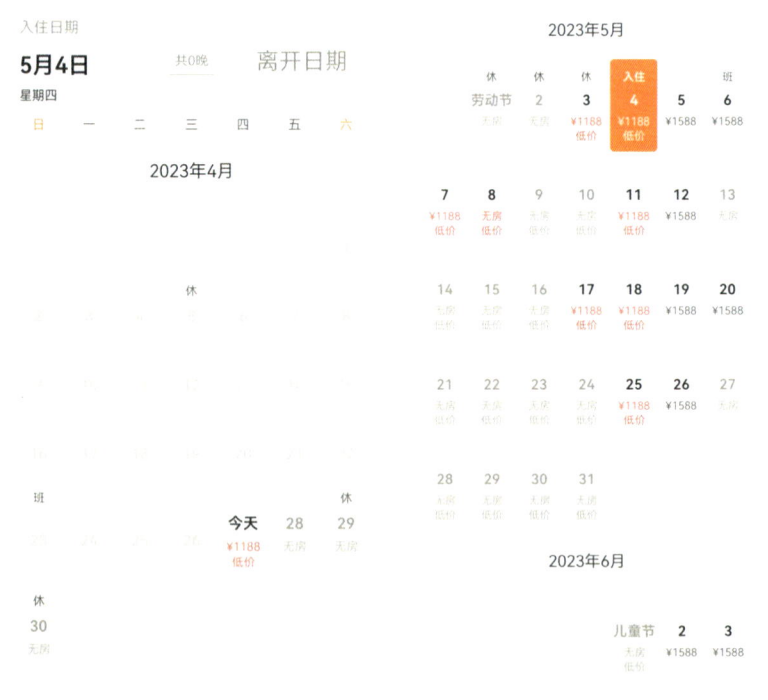

上海市吴中路某房的民宿预订情况

12 接口大法：边做民宿边卖房

上海市吴中路某房的实景照片

有句话叫作民宿养房，说的是每一个入住的客人离开，都会有保洁阿姨前去打扫房间，每一次打扫都会让这个房子焕然一新，呈现完美的状态。另外，民宿接待的大部分是前来旅游的客人，很少会在房间内烹饪，不像自住或者长租，烹饪时的油烟会对房屋造成损害，从而影响买房客户进入房间时的体验。民宿通常使用密码锁，带看的时候发送临时密码给房产中介即可。

关于民宿带看，有以下注意事项。

（1）带看当天如果房间没有客人入住，可以直接安排带看，发送临时密码给房产中介。

（2）带看当天有客人离开。这种情况下，带看时间可以安排在保洁完成以后，通常为下午 2 点以后。如果客人走得早，可以早安排保洁，早一点带看。

（3）带看当天有客人入住。这种情况下，可以让民宿运营人员

117

提前给客人打个招呼，然后给客人发一个微信红包，金额为 20~50 元，视房间日单价而定。如果客人愿意配合，将房间收拾整齐，并将行李归置到位，我们可以把红包的金额提高一些。按我们实践下来的经验，90% 的客人会同意带看，因为他们通常是 1~3 天的短期居住，在居住期间不会被打扰太多次，再加上红包的作用，他们通常会通融。和客人打招呼的时候，要预约一个他们方便的时间，大部分客人不喜欢早上太早的时间带看，预约在上午 10 点以后比较恰当。当然房产中介那边也要给买家讲清楚，房间现在有人住，房态可能会比空房稍差一点。

（4）带看当天有客人即将入住，但还未到房间。这种情况需要民宿运营人员确定待入住客人的到达时间，然后将带看安排在客人到达以前。如果客人到得早，就参照第（3）点执行。

（5）某些客人素质比较差，入住时房间比较脏乱，带看时候房态不好。我们一定要跟进带看情况，如果遇上这种情况，要让房产中介跟买家商量预约安排复看。复看时间安排在民宿保洁完成且没有人的时候即可。

（6）如果市场行情好起来，带看量增大，我们可以在周末锁房不出售，专门安排集中带看。要记住，我们的首要目的是出售，民宿运营的收入流水只是附带的收益，所以当出售窗口期到来时，我们停止民宿运营专心出售也是可以的。

（7）如果是大房型，入住人数比较多，比如上海吴中路这个是 4 房，可以接待 8 个人入住，有可能会接到邻居或物业扰民问题的投诉。这种情况下可以将预订天数改为 2 天起订，这样就可以筛掉聚会开 Party 的客人，因为一般扰民的都是这类聚会客人。

（8）房子成功出售后，在交给买家之前，最好再次清洁修缮一下，以完美屋况交给买家。

下面举几个民宿卖房的案例。重庆招商锦星汇房屋：60 平方米，2 房 1 厅 2 卫，售价为 121 万元，销售周期为 58 天，溢价率为 5.2%，2019 年 11 月售出。出售前房屋以民宿形式运营了 16 个月。

重庆招商锦星汇房屋实景照片

上海阜新路 184 弄房屋：37.4 平方米，1 房 1 厅 1 卫，售价为 280 万元，销售周期为 1 天，出售时间是 2020 年 9 月，溢价率为 10.2%。出售前房屋以民宿形式运营 6 个月，出售后以民宿形式运营 3 个月后交房。本案例买家买房是为了学区落户口用，所以接盘后可继续运营民宿。

上海阜新路 184 弄房屋实景照片

杭州临安越秀星汇城房屋：89 平方米，3 房 2 厅 2 卫，售价为 182.5 万元，销售周期为 28 天，出售时间是 2020 年 6 月，溢价率为 7.4%。出售前以民宿形式运营 1 年。

杭州临安越秀星汇城房屋实景照片

上海罗阳路莲花苑房屋：137 平方米，3 房 2 厅 2 卫，售价为 740 万元，销售周期为 1 天，出售时间是 2021 年 6 月，溢价率为 8%。该房在 2021 年 5 月底改造后挂牌第一天就卖掉了，正好处在上一轮出售窗口期的尾巴。卖出时民宿还没来得及开张，但是买家是置换客户，要求半年的交易周期，所以一直到 2022 年元旦后才交房。业主卖掉房子后开心地白赚了半年的民宿钱。

上海罗阳路莲花苑房屋实景照片

民宿卖房虽然好，但也不是什么房子都可以做民宿的。上面 4 个案例中的房子都是经过我们精心设计、全面改造过的高颜值房子，这样的房子挂在民宿平台上才能吸引客人预订。如果是普通自住、装修颜值不高的房子，挂在民宿平台上也乏人问津。

以上 4 个民宿卖房的案例都有非常精彩的故事，欲了解详情，请阅读文后参考资料中所列的结案报告。

3. 长租接口

这里我们指的是对于要售卖的房源，业主主动选择长租作为接口来过渡，而不是先将房子长租出去，中途由于种种原因需要提前售卖的被动行为。对于被动带租约出售的办法，我们会在其他文章详述，本文我们主要讲述主动长租售卖如何操作。

这种长租售卖方式适合不太着急出售房子的业主，比如刚刚投资买入的房产还处于限售期；或者投资房屋的涨幅还不够大，需要等待较长时间才能出售；或者市场行情不好，想等到行情火热时再出售；或者业主本人不具备民宿运营的能力，也没有靠谱的民宿运营托管人，只能选择长租作为接口。

还有一种情况是，对于商业产权的公寓，或者是商改住房子，通过改造可以获得相对于竞品更高租金的长租租约，提高房屋的租售比，这对追求稳健收益的投资型业主会产生吸引力。

这里着重聊一聊如何让长租的客人配合带看。俗话说"买卖不破租赁"，普通租赁合同是没有关于租赁期间房屋出售的相关条款的，所以在签约初期，我们就要和租客约好，这个房子是要出售的，希望他们配合带看，具体条款和补偿措施要体现在合同里。适当且极具诱惑力的奖励是成败的关键。另外，我们还需要和租客说明，如果新的买家接受不了租约，我们就不会和他成交，给租客吃一颗定心丸。租赁合同中还要约定好带看时间和带看次数，每次带看的红包奖励或在租金上给予折让作为带看补偿。如果房屋在租赁期间成功出售，还可以给租客一个大红包奖励，这样有利于租客在带看期间替业主说好话。如果有提前准备的时间，最好把房间收拾一下，整齐干净更有利于带看成交。这些都要在签署租约之前提出，同时，需要注意的是，我们的目的是售出房屋，所以在租金方面不要过度纠缠，让租客得到实惠，更有助于达成带看协议。

4. 自住接口

这是大部分自住业主采取的售卖方式。但为了保证带看的效果，我们会建议业主搬离房屋后售卖，也就是说用空置接口售卖。因为大部分业主在自住情况下房屋状态都不是特别理想，昏暗的房间、生活用品杂乱无章等都会对带看质量造成严重的影响。

那是不是自住状态下卖房这件事就无解了呢？并非如此。下面我们就来着重说一说如何一边自住一边售卖，让自住也能成为一个重要的接口，请参考阅读"寄居蟹大法"。

参考资料

1. 重庆招商锦星汇结案报告

2. 上海阜新路 184 弄结案报告

3. 杭州临安越秀星汇城结案报告

4. 上海罗阳路莲花苑结案报告

13 寄居蟹大法：自住也不耽误卖房

寄居蟹一辈子不是在搬家，就是在准备搬家的路上，因为它的壳要不停更换才能适应身体的成长。推荐大家看一部纪录片《小小世界》，是BBC历时10年拍摄的12种动物的故事，其中一集讲的是寄居蟹在海滩上推销自己的壳，并成功搬入新壳的故事。

季老湿有个卖房口诀：颜值高、挂牌早、心态好。第二条和第三条很好理解，主要是说业主要在快速卖房和高价卖房中间找到一个平衡点。都说成年人的世界里没有对错，只有选择和取舍。想要快，就得牺牲一点价格；想要价格高，就得稳住心态慢慢等有缘人。想要又快价格又高，也不是完全不可能，就需要有一点点运气。

第一条也有很成熟的做法，就是季老湿团队一直提倡的改造大法。房子颜值高了，就可以打败80%的竞品，哪怕销售策略不够完美，也不会卖得太差。但无论是改造大法还是洗脸大法，哪怕是归零大法，终归是需要房间没有人居住才能采用。如果业主还住在里面，就像寄居蟹背着壳，那这个房子要怎样提升颜值呢？

人住在房间里，就少不了柴米油盐的痕迹，门口玄关处杂乱的物品、阳台晾晒的衣服、散落满地的孩子的玩具、堆满物品的餐桌……在这样的状态下，想要提高房子的颜值，简直无从下手。但是，万事开头难，只要开始做了，就成功了一半，接下来我们一起看看可以通过哪些方法提升自住房屋的颜值吧。

1. 自住卖房第一原则：极简生活

（1）物品打包。既然都要卖房了，有些东西该打包就打包吧。所有物品按生活6个月左右预估，多余的统统装起来。有朋友说没有地方放，建议租一间地下室，将东西打包好放进去。其实，如果不涉及家具家电，仅仅是物品的话，占地也不大。

还记得笔者装修第一套房子的时候，因为是住了一段时间才攒够了装修的钱，所以装修时只能暂时租住在外面。为了省钱，租的是一套房子里的一间卧室。当时打包的物品箱子占了卧室的一半空间，只留了一张床和写字台的位置。因为想着住不了多久就要搬回去，所以大部分箱子都没有打开，只拿出了最基本的生活用品。笔者和老婆两个人就这样过了半年多，居然也没觉得有什么不方便。生活可以很简单。

（2）家具精简。既然都要卖房了，有些不喜欢的家具、多余的家具能处理就处理吧，难道还想搬到新房子里去？仅保留必需的家具即可，会让房间显大，也能留出空间做进一步的布置。这些待处理的家具除卖掉外，也可以利用起来，送给有需要的邻居，还可以请他们多多将待售的房子推荐给自己的亲朋好友，一举两得。

总之，无论是物品收纳还是空间还原，都是在为后面的改造打好基础。因为自住的限制，没法做大的改造，那接下来就要从氛围上下功夫。

日剧《卖房子的女人》第一季中有一集讲的是一套房子里有一面攀岩墙，而这套房子的买家正是看中了这个攀岩墙，房子的买家画像是有童心的宅男年轻人。

案例：重庆融景城郦苑

这是一套客户在重庆投资购买，然后委托我们改造后出租的房子。是一套面积为 151 平放米的 3 房 2 厅 2 卫。这套房子竣工放租时正好是 2020 年春节后，租赁市场不景气，但其挂牌后很快就租出去了。租客是一对年轻情侣，他们的工作地离融景城郦苑的房子有 50 多分钟的车程，他们住融景城郦苑可谓舍近求远了。

这套房子拍摄竣工照片时，我们御用摄影师因为客观原因不能及时回重庆，所以实际拍照时租客已经入住了。下图就是租客入住状态的照片，拍摄时没有动过里面的布置。

重庆融景城郦苑房子照片

这套房子拍摄时感觉仙气飘飘，像没有人住，又像有人住。比起这套房子刚竣工没人住的状态，整个屋子充满一种温暖舒适的感觉。这对"神仙租客"真是活出了不食人间烟火的感觉。现在很多装修代售从业者卷完硬装卷软装，下一步该卷高维的生活方式了！

2. 自住卖房第二原则：梦想的生活，又称"你活不起的样子"

自住卖房氛围营造的底层逻辑就是：我的生活就是你向往的样子。你有没有这样的经历：某天你到别人家去，发现别人家里的设计、家具、色彩、摆设等，无一不精，无一不美。想想自己家的"狗窝"，顿觉自惭形秽。

（1）精致好物。选一两件种草了很久还没有舍得买的物品，去买下来吧，相信你喜欢的，也会是很多人喜欢的；你舍不得买，其他人肯定也舍不得买。但现在你拥有了，那他们就会羡慕你，羡慕你的生活，进而对这套房子产生兴趣。

（2）有设计感的家具。家具可租、可买，不用太多，一两件即可。放在家里就是为了提升格调。主打就是一个"我也好想要"。

（3）其他常规操作。摆放落地灯、地毯、挂画、花瓶等。房间顶灯的造型影响不大，有预算就换，没预算就不换，但亮度一定要足够。香氛一定要用起来，这个非常提升好感。

3. 自住卖房第三原则：精准人设打造

语言是思维的外壳，房子是生活的映射。一旦有人在房子里长久生活过，房子就会刻上主人的烙印，每套房子都呈现不同的气质和感觉。我们需要挖掘这种气质，同时描绘未来买家的客户画像，从而找到方法，让房子的目标买家与这套房子的气质产生关联。

（1）能产生情感链接的布置。比如，如果是一套学区房，买家买来大概率是为了孩子上学，那房间里的儿童活动区、儿童图书、儿童玩具，都会让买家进入房间后立刻想象出自己在这套房子里生活的样子。这就产生了情感链接。季老湿团队在代售南京、无锡的房子时，都遇到了这种情况，孩子在房间里找到了熟悉的、舒服的感觉，家长也链接到了，最终成交。

（2）能凸显业主爱好的布置。比如一整面墙的书架和书，比如一个手办展示柜，比如旅游照片和纪念品的展示墙，再比如望远镜、高尔夫、钓鱼用具、滑板，甚至阅读角、影音角等。最省钱简单的是打造一个微型阳台花园，也许买家会因为这个小小的阳台景观而爱上这套房子。

4. 结语

买房可以非常理性，从地段到楼层，从户型到朝向，对口学区的优劣、距离地铁的远近、通勤时间的长短等，甚至是否有落地窗、卫生间是否有窗等，都可以用来衡量一套房子的价值。但哪怕列出了这么多条件，筛选出的同质化房子还是很多。

那么，真正让买家下定决心买这套房子，而不买另外一套房子的原因到底是什么？是什么让买家心动了，想要生活在这里？站在房间的中间，一起来想想吧！

参考资料

重庆究竟有没有高端租赁？
重庆融景城郦苑结案报告

推荐书目

1.《越整理，越好运》，作者草莓老师（江挺），中国人民大学出版社出版。

2.《了不起的收纳者》，作者李娜，人民邮电出版社出版。

3.《提升亲密关系的整理魔法》，作者黄婷，中国铁道出版社出版。

14 长租大法：房子能边租边卖吗

最近我们接待了一位北京的代售客户（以下简称 X 先生），他全家已经移民美国了。在出国之前，他把刚装修好没住多久的一套学区房以每月 16000 元的金额租给了一位租客，签了 3 年的租约。X 先生到了美国一段时间后，想法又有变化，想把北京这套房子卖掉，现在租约还剩两年。X 先生的房子以前是我们帮他改造的，租客也是我们帮他找的，现在他想卖房了又找到我们帮他代售。这样的情况其实也挺普遍，毕竟计划没有变化快，在这个大家都想卖房的时代，难免会碰到有租客但想卖房的情况，那具体该怎么操作？

关于带租客卖房的情况，我们讲三个具体的操作方法。

笔者先来说一说自己的经验，笔者有过房子一边租一边卖的经历。大家用脚后跟都想得到，最大的问题是，你挂牌了以后，问的人很多，但一涉及什么时候能看房，你只能让买家看照片或者看小区同样户型，这样的话压根连带看的机会都没有。房产中介也不想浪费时间，他们觉得效率太低了。

我们还遇到过一个案例，就是帮某房圈大神 Q 老师卖房。在那个案例里面，难点就是那套房子根本带看不了，所以也卖不掉。租客超级不配合，因为在我们接手之前租客已经被别的管家公司"玩坏了"，基本上是敲门不开，无论怎么敲门就是不开，微信也不加,无论你说什么都不理你。那个时候还是新冠疫情期间,租客买不到菜,我们还帮他送菜。但是就算我们做了这么多事,他还是不答应配合带看。最后实在没办法,我们憋出了一个"VR 大法"。我们的 VR 不是那种 AI 自动生成的 VR,而是先做了平面设计和软装概念设计,再找专业的 VR 制作人员做。设计完成以后整体还是挺不错的,然后又做了一个 VR 视频,效果也挺漂亮的。

这样一来,房产中介那边也有东西给买家,而且在买家真的买下这个房子之后,如果他能补足设计费用,我们可以给他全套设计方案,他可以还原 VR 效果。这就是第一个方法,对于不配合的租客,可以通过 VR 大法盲卖。

第二个方法比较直白,就是跟租客谈钱,摊开来谈,"Everybody has their price"。他不同意,是因为钱没有给到位。给大家举个例子,笔者卖掉的那套房是每月 35000 元的房租,租客是个外国人,每次带看我都给租客 100 美元,你们看这个比例!回到北京这个案例,租金有 16000 元,每次带看给 200 元行不行?还有一个窍门是,带看时最好给租客现金,每次带看完租客的桌子上多了几百元现金,你说他开不开心?如果租客一开始不同意,你可以说给他预付 1000 元钱,但是这个钱一定要当面交给租客。为啥?就为了见一面,让他摸到钱。一般像这种事情,一定是要见面谈的,一定是让租客摸到钱的,这与转账感觉完全不一样。很多人在微信沟通或者电话沟通时态度不好,但真的当面聊时,只要你客客气气说话,租客也不会爆炸。我们基本上跟租客没有发生过冲突,租客一定是在乎钱的,那你就要迎合他的想法。

带看问题解决以后,接下来的问题就是,万一房子卖掉了怎么办?买家能等待当然好,租金转交给买家就好了。如果买家不肯等，租客又不肯搬走怎么办？还是一样，好好说话，好好谈钱。

总之，无论是带看还是售后搬离问题，我们都要跟租客好好商量。你让我卖，我会卖，你不让我卖，我也会卖。买卖不破租赁没错，但租赁也拦不住买卖。就算你不让我看房，也拦不住我卖。我只要把价格往下调一调，分分钟就卖掉了。那房子卖掉了以后，你跟买家怎么打交道呢？还不如你现在直接拿一笔钱走人。房子到了买家手上，如果他急着搬进来，肯定要跟你死磕的，肯定是想拼命跟你协商的。

笔者卖房时，把价格往下一放，就跟买家讲清楚，租客要买家自己去清。笔者不愿意跟别人起冲突，所以愿意把价格放下来一点。你想想看，如果你是租客，你听到这样的话，你心里面什么感受？心里也会有点担忧，有一种自己的命运完全不被自己主宰的失控感。所以，若是和和气气协商，租客会有一种心态：我还不如跟你好好聊，抓欠的不如抓现的。总之，总有办法的。但有一点很遗憾，业主相对租客确实要更强势一些，所以租客经常搬家也是常见的事。

没有所谓的赶租客走这个逻辑，我们都是好好谈的。如果租客确实不配合，我们就给他一个合适的价码，把房子空出来。季老湿在东京处理过一个极端的案子，给了10个月的房租。因为租客不是自然人而是包租公司，合同签两年然后无限循环，最后给租客补偿了10个月租金才把事情办好。

目前的格式租赁合同，对于违约金的规定一般是1~2个月租金，但是将心比心，若你是租客，给你1个月租金补偿让你搬家你愿不愿意？所以一般在出售的场合，给租客的补偿要高一些，建议3个月起步，慢慢谈。回到北京这个案例，带看配合的事情说好了，关于提前搬离的事情，租客张口要了 6 个月的补偿，就是 9.6 万元。原来租客死活不肯谈，经过我们努力，至少开价了。目前我们还在跟房东协商中，这个钱也不是马上要拿出来。不管金额多少，要房子卖掉才会兑现。北京这个房子的预期出售金额要 900 多万元，租客要求的补偿大概占 1%。

第三个方法就是等租约到期，空置卖房，或者玩接口大法边做民宿边卖。

无论采用什么方法，边租边卖总归是比较被动的。最好的办法就是防患于未然。大家要扪心自问：这套房子以后会不会自住？这套房子会不会留给孩子？如果这两个问题的答案都是否定的，那么在出租房子的时候就把出售带看配合和售出提前搬离的补偿条款在合同里面写清楚。当然也可以在租金上给予折让，交换条件是租客必须配合带看和售出提前搬离。比如市场租金是 6000 元，业主以 5000 元租给租客，但前提条件是业主如果出售，租客必须配合带看，售出后提前 3 个月通知租客，给租客 1 个月租金补偿，租客必须配合提前搬离。

只要不是自住和传承，所有房子最后的归宿都是出售。你可能遇到裁员，遇到生意失败，遇到家人生病，遇到要移民出国等事情，所以要早做准备，当你要变现房产的时候，最好不用面对带租约卖房这个难题。

15 带看跟进大法：为什么带看后就没信儿了

我们常常遇到房子已经挂牌出售一段时间，但是出售效果不佳的业主来找我们做代售咨询。我们经常问业主一个问题："你的房子带看有几次了？"带看次数是个位数的，还有几个业主能记住，带看次数是两位数的，几乎没有业主能精确回答，更有甚者说把钥匙留给房产中介后，有没有带看、带看多少次完全不知道。我们接着问业主看过房的买家预算有多少，是什么样的买家画像，更加没有业主能说清楚。最后我们问业主带看后是怎样跟进的，80%的业主说没有跟进，20%的业主说跟进了，就是问房产中介情况，房产中介说买家看了要回去考虑一下，然后就没有下文了。

普通卖房的带看跟进大概就是这个样子，大家自己对号入座。但是，带看后的跟进动作其实是非常重要的，有时候房产中介每天带看很多买家，可能他自己都忘记了带看过你的房子，最后别的房子成交了。

带看次数是一个非常重要的指标，根据我们的经验，带看30次左右大概率会有一个买家出价。如果你能抓住第一个诚意出价的买家，就能成交了。前3个月是房屋出售的黄金时间，新房源上线还有一些流量。如果想在3个月内卖掉房子，那每个月带看10次是及格线。如果带看次数不理想，或者只有带看没有买家出价，我们就要思考房子的产品端（屋况）、渠道推广和销售策略是否需要调整。下面讲一下如何做好带看跟进。

首先，你需要将房门钥匙更换为密码锁，最好房间里有 Wi-Fi，这样可以使用全功能的密码锁。每次带看前发临时密码给房产中介，带看后查阅门锁开关记录。预约带看最后放鸽子的情况也是挺多的，查看开门记录可以排除这种非真实的带看。

其次，带看之前给房产中介微信发如下一段文字。

带看第 × 组
日期：× 年 × 月 × 日
带看中介：××，手机：××
客户情况：×××
满意的地方：×××
不满意的地方：×××
意愿出价多少：×××
下一步意愿：×××

要求房产中介带看后发微信反馈以上情况，提示房产中介如果认真回复，你会发红包感谢。红包金额一般是 28 元，这个可以自己斟酌，原则是带看量小，金额大一点，带看量大，金额小一点。不管房产中介有没有回复，建议当天打一个电话追问以上情况，电话跟进聊得好，红包还可以多给一点。

好记性不如烂笔头，收到带看回复以后，建议大家做一张 Excel 表格记录一下。下表是我们成都某代售项目的带看跟进统计表，大家可以参考。

成都某代售项目带看跟进统计表

序号	日期	经纪人	联系电话	客人情况/预算	满意的地方	不满意的地方	意愿出价多少	下一步意愿	跟进情况	复看日期	复看意见	备注	红包发放
1	2023年1月10日	链家周某	***	买天涯石套三	有一个大花园阳台，小区品质	楼上次卧小气，价格偏高	无还价	无					28
2	2023年1月13日	朱某	***	想买带花园的	小区品质，房子已装修好，可拎包入住	客户未回复，只是说先了解一下	没有还价	无					28
3	2023年1月16日	代某	***	学区房	小区品质，房子已装修好，可拎包入住	核心就是价格偏高	480万元以内可以考虑	看价格，房子喜欢	2月3日回复总价高，怕风险大				28
4	2023年2月8日	德佑同事	***	学区房	装修保养可以，带花园	价格偏高，房间数量有点不合适	无	对比周边小区三洲娇子苑、天涯庭院					28
5	2023年2月8日	链家小徐	***	学区房	小区人员不嘈杂，带花园，晚上看夜景很好，视野很开阔	价格偏高，二楼空间有点压抑	客户这边觉得价格470万元左右	喜欢二环边上的次新房					28

136

15 带看跟进大法：为什么带看后就没信儿了

续表

序号	日期	经纪人	联系电话	客人情况/预算	满意的地方	不满意的地方	意愿出价多少	下一步意愿	跟进情况	复看日期	复看意见	备注	红包发放
6	2023年2月16日	链家小徐	***	学区房	装修可以，拎包入住	总价有点超自己预算	无	与娇子苑和天涯庭院对比	2月23日回复想跟家人再来看一下	预约3月4日复看			28
7	2023年2月17日	德佑谭某	***	学区房	采光视野好	价格偏高	无	打算看下天涯庭院的					28
8	2023年2月17日	德佑褚某	***	学区房	采光视野好，能满足自己需求	价格有点高，其他还好	房子出价450万元，可以带车位一起	保持跟进	3月7日回复联系了，暂时不考虑这边，还在纠结选哪个区域				28

137

有了这张带看跟进统计表，我们可以实时复盘带看情况，重点买家要加强跟进。

接下来就是要持续跟进了。如果你是认真卖房，那么就不要怕被房产中介打扰，而且要反过来主动去打扰房产中介，让其去跟进买家，只要买家还没有定下来，就要持续跟进7次。市场营销学有一个跟进7次法则，客户的需求意向大部分需要跟进7次才能成交。建议首次带看后分别间隔1、3、5、7、15日各跟进一次，这样就是1个月，后面再跟进两次，一共7次。只要这个买家没有明确说不买，我们就持续跟进，邀约买家出价上桌。如果跟进了7次还不行，就随他去吧，我们尽力了。

房产中介每天都要带看很多房子，持续跟进会让房产中介记住你这个业主和你这套房子。现在房子难卖，半斤八两的竞品很多，房产中介可能只记得住低价的那几套房。持续跟进还可以争取上桌谈判的机会。市场不好的时候，挂牌价低也不能保证你一定可以先上桌谈判，如果积极跟进了，可能挂牌价稍高反而能先上桌谈判。

可能有的读者工作比较繁忙，每天被房产中介的电话轰炸已经够心烦了，实在没有时间和精力做带看跟进，那么建议你委托专业的代理人来帮你做接电话、带看跟进这些事。

16 邻里大法：兔子专吃窝边草，买家就在你身边

笔者以前卖房子的时候有这样的经历：那时候房地产市场还挺火热，笔者把一套父母留下的老房子挂牌出售。没过几天就有三组买家报价，笔者在同一天约了三组买家分别上桌谈判。那个时候是卖方市场，谈到最后价格和条件都差不多，笔者就跟房产中介说谁先付定金就给谁吧。其中有一组买家是一位老阿姨，她本身也是住在这套房子所在的小区，谈判过程中笔者感觉她的购买意愿是最强的，但是最后付定金的时候她耽搁了一下，房子就定给另一组买家了。第二天，笔者在房子里收拾东西准备交房，这个老阿姨又找上门来，跟笔者哭诉，非要笔者把房子卖给她。笔者问她为什么一定要买这个房子，她说："我是给我独生女儿买的，我希望她结婚后还是跟我住在同一小区，就隔一碗汤的距离是最好的，你这套房子是最合适的。"笔者很为难，因为已经收了别人大额定金，毁约的话是要双倍赔偿的，而这个老阿姨又不能赔这个钱，所以笔者虽然很想成人之美，却也爱莫能助了。这件事让笔者明白，原来买房还有这种需求，你的邻居很可能会买你的房子。

要想快速且以理想的价位卖出房子，可以说方方面面都需要做到位。定价要精准，屋况恢复要到位，渠道也要扩散到各处。就渠

道这个角度而言，常常需要传统中介渠道和非传统中介渠道齐头并进，而非传统中介渠道推广的常见做法就是邻里大法。

邻里大法，顾名思义，就是在邻里间广泛传播所要出售房屋，达到小区业主人尽皆知的效果。金窝银窝不如自己的狗窝，这个说法成立的原因是生活在同一个小区里的人对这个小区是认可的，不用多余的说服，此处一定有什么吸引他们，同时他们对本小区及周边的配套资源也如数家珍。中国有句俗语：物以类聚，人以群分。基于此，这个方法才得以奏效。

以下几个场景我们一定不陌生。

（1）两代人的住所相距一碗汤的距离。儿子媳妇有了宝宝之后很快需要回到工作岗位，照顾宝宝的重任就落在了家里老人身上，为了既能帮助照看孩子又能使两代人有各自的空间，在同一小区再购置一套房就成为需求。同理，家里有年迈的老人需要照顾，那么两代人居住在同一小区是既能照顾好老人又能保持好边界感的理想解决方案。

（2）老人置换低楼层房子。年迈的老人安土重迁，不愿离开生活了一辈子的地方，因为这里有熟悉的邻里、有美好的回忆。可问题是老人已经无法爬楼，所以这个时候将老人的房子卖掉，在同一小区置换一套低楼层的房子就可以了。

（3）亲朋好友住在同一区域。细想一下你身边有没有这种情况：家族的兄弟姐妹特别多且走动频繁，后来慢慢地都住在了一起；或者相处多年的朋友经常一起喝茶、打麻将、谈心、遛娃，还有的相约一起共度晚年，久而久之发现住得近会非常方便。上海市乡下的房子动迁以后，村里乡亲们扎堆买在同一小区的也很常见。

邻里大法之所以奏效，就是因为有上面种种需求的存在。那么

16 邻里大法：兔子专吃窝边草，买家就在你身边

邻里大法该如何操作呢？笔者拿亲身操作过的一套房子为例为大家介绍。

2022 年 10 月，笔者作为项目经理全程亲自操作了上海市泗塘七村的一套房子，在同时间同小区挂牌 22 套同户型房子的情况下，挂牌 44 天，以比同户型相似楼层高出 10 万元的价格出售。这套房子没有做大的改造，只采用了洗脸大法和邻里大法。运用邻里大法的逻辑是，采用何种操作手法要看小区所属档次。普通小区就送旧家具家电，高端小区就开派对，普遍采用的可以是竣工暖房。

上海市泗塘七村房子改造前后对比

这是一套步梯老破小，面积 48 平方米，两房。这套房子在我们代售的房子里面条件算好的，因为除了装修老旧，没有什么大的硬伤，但是这个区域大型的公房扎堆，从泗塘一村到八村都有，我们是七村，竞品太多了。光使用洗脸大法只能做到干净明亮，但产品力还是很有限的，所以我们必须在渠道运营上下大力气。针对本房的特点——小区档次不高但人口密集，户数众多，我们决定使用邻里大法在房产中介正式挂牌前做一下邻里间的推广。这个推广的钩子就是送旧的家具家电，本来给房子洗脸就要搬空旧家具家电，

不如送给邻居们,还省了搬运费,一举两得。

邻里大法的运用是和其他步骤融为一体的。恢复完美屋况的第一步是把全屋家具清空,利用这个机会就可以和邻里建立链接。首先,我们想办法进入本小区的各种业主微信群。因为此房常年出租,业主也不在任何业主群里,我们就主动敲开了隔壁邻居的门,说明想把家里不需要的家具送给邻居,麻烦邻居拉我们进入本栋楼的业主群。我们用类似的办法先后进了十几个大小不同的群,然后在群里说明本房即将出售,家里闲置家具家电愿意免费赠与街坊邻里,并把所赠与物品列了一个清单,需要的邻里可以告诉我们,原则上先来先得,如有冲突抓阄决定,并定好了具体的时间让邻居来取。之后的几天陆续有邻居告诉我们需要的物品,我们也相应做了记录。与此同时,我们每天把还没有人认领的物品继续往群里发,睡前再发个晚安红包。就这样,这套房子在几天的时间里成了各个群里热度最高的话题,可以说用一些不再需要的家具家电做了几天公益广告,太值了!到了约定好的邻居来取物品的当天,有的邻居比约定时间提前半小时到场,有的邻居拎着西瓜来了,有的邻居共同对一些物品感兴趣,抓起了阄。现场非常热闹,邻居们也感谢不断,当然我们不忘在现场提醒大家这套房子马上挂牌,还希望大家多多帮忙宣传。邻居们也说希望能帮上一些忙。挂牌前恢复完美屋况期间,邻居们多次联系我们,说想带有买房需求的亲戚朋友来看房,为了给买家呈现最好的效果,我们统一答应等完美屋况恢复好后邀请大家来看。虽然最后成交的买家不是邻里,但确实通过邻里大法产生了很好效果。本案例的故事非常精彩,详情见文后参考资料。

注意事项:邻里大法虽然好用,但操作时也要小心。前面提到，这是非传统中介渠道的售房方式，运用的时候最应该小心的是不要伤害到传统中介渠道。中介渠道的信任是非常重要的，如果中介们得知业主在卖房过程中自己还在以各种方式跳过中介宣传，会认为业主有跳单嫌疑。为了最大限度地保护传统中介渠道的积极性，邻里大法最好在面向传统中介渠道推广前就使用，挂牌后尽量不用此方法宣传。

总体而言，邻里大法在低端大型刚需小区效果比较好，高端小区就不要送旧家具家电了。对于高端小区的房子，最好做一下全面改造或者局部改造，待房子焕然一新之后，在业主群里面秀一秀美图，邀请邻居们过来做竣工暖房，在不经意间向邻居们透露一下你要卖房的打算就好了。当然，若牵线成功，重金酬谢也是少不了的。

参考资料

点石成金！击败 22 套同户型竞品 40 天卖出！
上海泗塘七村结案报告

17 独家代理大法：独家代理，调动经纪人的积极性

你一定遇到过经纪人让你做独家代理的情况。当你的房子挂牌以后，经纪人会问："哥，你要不要做一个独家代理，这样我们公司可以重点推荐你这套房源，还可以发动周围所有门店销冠推荐你这套房源。公司有推广费用来给你这套房子做推广，独家代理的房子我们跑起来也有劲。我们公司在这个片区的市场占有率最高，其实你挂我们一家就行，别人家都打不过我们……"一顿输出以后，你也许就签了独家代理协议。

但是，签完独家代理协议以后，你也许会发现经纪人并没有那么给力，最后独家代理变成独家打压。强调一下，我们并非说绝对不能签独家代理协议，只是独家代理协议要签给正确的人，也就是你的"御用经纪人"。

新房源挂牌上线的时候通常自带一些流量，这个时候应该广而告之，让房子无人不知、无人不晓。在带看时，你需要不断跟经纪人聊天，逐渐筛选有经验的、带看比较积极的、配合度比较高的经纪人。以后想做独家代理的时候可以授权这样的御用经纪人，而不是一挂牌凭经纪人一顿输出就签独家代理协议。

相比公开放盘的房子，独家代理还是有一定好处的。首先，独

家代理可以让中介公司更好地掌握房屋销售的主动权。在独家代理模式下，中介公司成了房屋销售的唯一代理商，这意味着中介公司可以更加自主地制定销售策略和销售计划，不必担心其他代理商的竞争，从而更加有效地推动房屋销售的进程。其次，独家代理可以增强中介公司与业主之间的信任和合作。在独家代理模式下，中介公司与业主签订了排他协议，业主不得私自与其他代理商合作，进而提高房屋出售的成功率。另外要注意，独家代理不是每一家中介公司都可以做，通常只有本地比较强势的非贝壳系的中介公司可以做。

有三个时间点可以签订独家代理协议。

首先，建议业主在年底淡季、行情不好的时候签订独家代理协议。反正年底也是"垃圾时间"，带看少。签订独家代理协议之后，可能反而有更多带看。

其次，结合"下架大法"使用独家代理。在房子挂牌一段时间以后，比如 3 个月，建议下架一段时间。这段时间可以签独家代理协议给御用经纪人，继续售卖。

最后，在房源正式挂牌之前，让御用经纪人先行抢跑带看。这个时候未必要签正式的独家代理协议，可以只是口头君子协议，比如在房子改造还未完全竣工的时候，让御用经纪人先行带看，承诺房子竣工以后让其先挂牌做房源维护人。

使用独家代理大法的前提是发掘出御用经纪人。业主在前期调研时要多跟经纪人聊天，深度链接，开放带看后再筛选"积极分子"，这样才能慢慢发掘御用经纪人。记住，独家代理只能给御用经纪人！

读者一定会问，如果没有所谓的御用经纪人怎么办？这也很正常，普通人一辈子也交易不了几次房子，而御用经纪人是用一次次的交易培养起来的，不是聊天发红包培养起来的。所以普通人直接与中介公司签订独家代理协议并非上策，更好的办法是与专业代售团队签订独家代理协议，专业代理人的交易量远超普通人，他们手里的御用经纪人资源很丰富。让代理人去跟中介公司打交道，业主做甩手掌柜就行了。

18 首客成交大法：不要错过第一个出价的诚意买家

所谓"首客成交大法"，一言以蔽之，就是"不要错过第一个出价的诚意买家"！

36个卖房大法中哪个最简单？就是这个。业主不用做改造，不用学摆场，不用摆弄绿植，不用跑盘市调，也不用研究定价，只要不错过第一个出价的诚意买家就行了。

36个卖房大法中哪个最重要？也是这个。因为业主只需要学会这个大法就行了，其他的大法都不是必学的。

36个卖房大法中哪个最难？也是这个。因为其他大法都可以学习，唯独这个大法学不会。无论文字如何浅显，语言如何精妙，这个大法业主学不会！

人不能被说服，只能被天启。这个方法业主必须自己踩过坑之后才能学会。本书的读者一定是房产爱好者，所以你肯定不止卖一次房，希望你第二次卖房的时候不要再踩坑。

"不要错过第一个出价的诚意买家"是季老湿经常给我们念叨的一句话。原来是说在高端租赁的场合，不要错过第一个出价的诚意租客，扩展到房产买卖也是一样的道理。我们开始讲课以后，也经常给别人说这一句话，但事到临头，我们一样踩坑以后才学会。

笔者自己有套房在上海市宝山区，这是一套步梯顶楼95平方米的两室一厅一卫的房子，也是笔者最早买入的一套房子，到现在20年了。笔者在2021年底开始对房子做全面改造，2022年3月竣工，刚刚挂牌就遇到上海市封城，到了7月才重新开始放卖。由于房子做过全面改造，所以上线时带看量挺大的。这套房刚开始挂牌价是455万元，笔者的心理价位是440万元成交。说实话，这个挂牌价对步梯顶楼硬伤房来讲是很高的了，2022年初的一套高楼层同户型两房100平方米，成交价只有408万元。但是，笔者这套房子新装修颜值高，所以带看量也不小。开始有两组买家出价到420万元，但是没能约上桌。到了8月中旬，带看到了30组左右，终于有第一组买家愿意上桌谈判了。当时是周五晚上，这套房房本上写的是笔者太太的名字，笔者和太太一起去谈判。买家是一位父亲，他想为自己儿子买婚房，看中我们的房子漂亮不用装修。他开始出价430万元，在双方拉锯后加到433万元，然后我们没有答应，当天没有成交。买家说回去再跟家里人商量一下，周六傍晚回话可以加到435万元。其实这个价离我们的心理价不远了，也是出价最高的。笔者其实觉得是可以的，客户画像、带看次数、销售周期都完美符合笔者帮别人卖房子的模型，但是笔者太太不松口，那时正是新冠疫情之后成交反弹的时候，笔者也没太坚持，认为还有时间。第二天早上，笔者太太说算了还是卖吧，但是笔者当时正好要出门办事，一念之差说等回来再说。结果当天下午，买家那边又回话说不考虑这边了。这样第一个出价的诚意买家就错过了。

错过这个买家以后，笔者心里想可能要再等30组带看才能有人出价了。9月还有15组带看，到了10月中旬，带看量迅速下跌，后面越来越差，买家出价也越来越低，很难约上桌。年底的时候遇到一个老法师，不出价就是要上桌，上桌之后出价 380 万元，差距太大没有谈成。后来笔者问那个老法师是干什么的，他说："我就是捡漏的，谈他 100 个，遇到一两个着急的业主就赚了。"

笔者上海市的房子改造后照片

到了 2023 年，除了春节后 3 月有点热度，其他时候行情还不如 2022 年新冠疫情解封之后的七八月份，笔者的这套房子仍然未售出。由于这套房子笔者是纯粹出售，不搞置换，所以最初定的策略就是高价缓售。新房上线自带一波流量，但错过第一个出价的诚意买家之后，就得长期抗战了。所以笔者就把两个房间的床都配好，准备采用民宿接口大法，边做民宿边卖。整个 2023 年都是边做民宿边卖的状态。笔者心里很清楚，这种步梯顶楼的硬伤房虽然有颜值加持，但想要卖高价必须等到下一个窗口期了。窗口期什么时候来不去预测，反正有民宿现金流水，可以耐心等待。

这套房子笔者改造成民宿一共花了 19 万元，更换了窗户，安装了地暖，配置了洗碗机、烤箱、洗衣机和独立烘干机等。由于是步梯顶楼（共 6 层）硬伤房，所以硬件设施拉满，以增加吸引力。

随着民宿运营，改造成本逐渐收回，目前已经回收 10 万元。这意味着笔者今后卖房时可以适当降价。对于不急售的业主，民宿接口大法是很好的策略。

这就是笔者错过第一个出价的诚意买家的故事。笔者太太现在也常常后悔一开始没有卖掉。

这里还有一个要点需要给大家强调一下，就是上桌谈判之后，一旦决定出售，千万不要拖拉！无论时间多晚，一定要签约收定再走。行情不好的时候，买家一定会有多个备选标的，本来谈得挺好，回家睡一觉起来也许头脑清醒了，就有变化了。

最后说一下什么叫诚意买家。笔者认为诚意买家需符合两个条件：首先出价不离谱，至少出的价让业主愿意上桌聊一下。其次是上桌之后愿意加一到两次价。大家遇到这样的买家千万不要放跑。

回首过去，我们身边的小伙伴和我们服务的代售业主，很多都错过了第一个出价的诚意买家。有广州市的小伙伴请假跑回武汉老家卖房子，200 多万元的标的，差 2 万元没有谈成，延宕至今。我们不指望读者现在读完就能理解，衷心希望读者只踩一次坑，不要踩第二次坑。

19　下架大法：卖房要避免视觉疲劳

卖房子这事，如果你把自己的底牌暴露了，那么谈判时从一开始你就输了。这里的底牌不光指房子的底价，还包括挂牌时间和调价记录。

我们往往会进入一个误区：房子挂牌后就一直挂在那里，直到卖出。笔者就曾经在贝壳上看到过挂牌超过 1000 天的房源，还有一些房源不光挂牌时间长，还有很多次调价记录。这些数据在手机 App 上都可以查阅到。可以想象，一套挂牌 300 多天、调价记录高达 8 次的房子，在上桌谈判的时候一开始就输了一口气，因为买家笃定这房子不好卖。

但是季老湿对待他的房子不太一样，他每次在换租客的空当卖房子，这个空当通常就 1~2 个月。如果卖不掉，他就会继续向外租赁不卖了。这个操作的底层逻辑是古董店老板的逻辑。所有古董店古董的上架时间一般都控制在 3 个月左右。当新的古董上市时，往往是最引人注目的，古董店老板都会向老客户推荐，但 3 个月之后继续推荐就完全垮掉了。老客户会说，这古董怎么 3 个月还没成交啊？他们心里会想，这古董肯定是有问题的，否则怎么会几个月还没成交。是的，老客户不会认为是价格高卖不掉，他们只会认为是古董本身有问题。

季老湿当初在卖房时，就碰到过这样的问题。他以前不懂的时候，就把房子挂在那儿，想挂多久就挂多久。后来业内有人跟季老湿说，这套房子他知道，这套房子是有问题的，挂了好久都没卖掉。季老湿接着问他，房子有什么问题呢？他支支吾吾回答不出来。季老湿当然知道他是说不出来的，但是人心往往就是这么奇怪，所有的经纪人都不想卖他们认为卖不掉的房子，只想卖刚刚挂出来的房子，这是卖房的底层逻辑。因为刚挂出来的房子充满了想象力，特别是颜值高的房子。如果让人知道刚挂出来的房子大家都在抢着买，那这房子很快就会卖出去。季老湿团队操作的房子往往都是这样卖出去的。

针对上述情况，季老湿特别提出了一个大法来解决，叫作"下架大法"，就是房子挂牌时间仅限 3 个月，超过了就必须下架，下架时间也是 3 个月。

房子下架了以后是不是就空关在那里，什么都不做呢？当然不是，这时候你的御用经纪人就该上场了。你要独家委托御用经纪人，让他接着帮你卖。什么是御用经纪人？如果你经常买卖房子，比如一年买卖一两套，持续几年，或者两三年买了多套，这样多次合作的经纪人可以称为"御用经纪人"。如果你没有御用经纪人，就委托你的房源维护人做你的独家代理。你也可以筛选一下，在最初 3 个月的挂牌时间里哪一位经纪人带看比较积极，带看次数最多，然后跟他见面深入聊一聊，如果他是一位有经验的"老鸟"，不妨让他做独家代理。房子的独家代理委托只做 3 个月。3 个月之后如果还没有卖掉，那么就恢复到全网挂牌的状态，可以宣布房子短租结束重新售卖，如同一件老古董重新上架。如此以 3 个月为一个期限，循环往复直至卖出。

19 下架大法：卖房要避免视觉疲劳

　　一套房子售卖的黄金时间就是挂牌后的 3 个月。新房上线自带流量，如果急售的话，一定要抓紧时间，合理定价，大力推广，争取在 3 个月内集中火力解决战斗。为方便带看，建议挂牌后 3 个月空关卖房。如果市场行情不好或挂牌价格太高，就要考虑打持久战了。为避免买家对房子审美疲劳，可以运用下架大法和独家代理大法。

　　小建议：房子在没有卖出的时候，如果有精力可以运用接口大法，边运营民宿边卖，这样既方便经纪人带看，也有流水进账，就可以耐心等待下一个出售窗口期和理想买家的出现。如果行情火爆，民宿随时可以停止运营，专心售卖。

20 涨价大法：低价挂牌，在哄抢中涨价售出

2023年7月初，上海市房产圈出了一条关于翠湖天地的大新闻。翠湖天地是上海市浦西的标杆豪宅，永远不缺话题，每一套房成交都有精彩故事，但是这次的故事格外有戏剧性。

翠湖天地楼盘实景

20 涨价大法：低价挂牌，在哄抢中涨价售出

2023 年 7 月 2 日，上海市翠湖天地御苑惊现一套 139 平方米的低楼层两房，挂牌价仅为 1999 万元。这个单价仅为 14.38 万元 / 平方米，远低于市场价。同期，链家网显示，一个月以前成交的一套低楼层两房面积为 130.81 平方米，价格为 2890 万元，单价为 22.1 万元 / 平方米。

翠湖天地御苑的低价房挂牌信息

这样算下来，这套房差不多是挂牌 65 折的笋盘。有人说这是在砸盘，也有人说这是笋盘赶紧捡漏，不管怎么说，这个消息一下就引爆了市场，上海市众多房产中介都疯狂打电话叫买家看房。7 月 2 日，暑意正浓的上海市有 100 多组买家涌去看房，由于看房者太多，小区不得不限流，让大家在小区门口的马路边排队等待。

那么多人来抢，业主自然要抬价，于是业主告诉房产中介去跟

155

买家商量报价，支持 24 小时看房，价高者得。据说当天下午已经有买家出到了 2500 万元，但业主不肯签字。后来情况又急转直下，有好事者扒出来这套房是法拍房，而且是 6 月 8 日刚刚以 2480 万元拍下的，都还没过户。

翠湖天地御苑低价房的法拍信息

上海市浦东新区人民法院 6 月 8 日出具的《网络竞价成功确认书》显示，该套房源原为法拍房，由业主当日通过网络拍卖竞得，成交价为 2480 万元。加上相关费用（包含拍卖费用、契税、个人所得税、增值税等，占总购房款的 5%~10%），总支出为 2600 万 ~2700 万元。

根据房产中介提供的挂牌信息，该房源拍下后当天挂牌 3188 万元，当天下午就降价 189 万元至 2999 万元；6 月 17 日降 149

万元至 2850 万元；6 月 20 日降 60 万，6 月 21 日降 63 万元，6 月 23 日降 101 万元，7 月 1 日降 68 万元，至此，该房源挂牌价已降至 2558 万元，略低于其竞拍获得房源的成本价，但仍未找到合适买家。无奈之下，房东终于祭出"绝招"：一次性直降 559 万元，挂牌价仅为 1999 万元，24 小时无限次看房。

短短不到一个月时间，该套房源从正常的市场挂牌价累计降价 1189 万元，终于挑动了全上海市房产中介和买家的神经。只是，演了一出好戏，豪宅降价、业主急售背后，降价超千万元，最终依旧要"价高者得"。据说业主并无全款资金，只用 200 多万元保证金撬动了 2000 多万元标的，准备赚差价转手出去。底牌被揭露之后，就没人出价了，临近法院规定的缴款日，大家都在等着看笑话。

7 月 3 日，喧嚣之后，翠湖天地又恢复了其高端豪宅的日常高冷姿态。再后来传出消息说业主撤牌，向法院交款过户，一场大戏落幕。

虽然这个业主的好戏没有完美收场，但是他的操作手法其实是可以借鉴的，通过超低挂牌价引爆市场，收拢 100 多组意向买家，再"价高者得"，这就是涨价大法。

大家不要觉得这样的操作是投机倒把，这实际上就是房屋拍卖。在英联邦国家比如英国、澳大利亚，房屋拍卖其实很常见。很多房子的拍卖就在房子外面的街道上进行，业主待在房子里面，拍卖师和竞标买家在房子外面拍卖，邻居可以围观。起拍价通常也是一个比较低的 humble start，当有买家叫价达到业主心理价位后，拍卖师就会喊"on the market"，意思是价格已到位，今天必卖。接着外面还可以继续竞价，直到最高价三叫落拍。

国人比较含蓄，对这种公开竞拍可能不太适应。本节故事中业主的操作相当于买家们不用面对面竞价，大家通过房产中介投标竞价。如果出价都太低，业主也可以不卖，没什么损失。

本书中所列举的卖房大法，建议大家根据自己房子情况组合使用，比如开放日大法就可以结合涨价大法使用。单独某个大法未必奏效，但是东边不亮西边亮，一个个大法试下来，总有奏效的。

21 小红书大法：1万人围观我在小红书卖房

本文和大家分享的主题是如何通过小红书卖掉二手房，这是关于实操经验的分享。

笔者通过小红书发布了几条卖二手房的相关信息，有1万多人围观笔者卖房，有130多人咨询，并且有买家通过平台找到笔者去线下看房。房子已于2023年1月初成功签约出售。笔者的经验可以帮助业主卖房，如果有经纪人对怎么在小红书上发布相关房源信息感兴趣的话，也可以看下去。

1. 为什么选择小红书平台卖房

小红书像一个更大的朋友圈，聚集了大量网友在平台上分享时尚穿搭、美妆护肤、网红美食以及旅游攻略等新鲜有趣的内容。该平台的女性用户比重大，用户在评论区互动的时候常常以"姐妹"相称。那可能就有读者疑惑了，为什么要在这样的平台上发布卖房信息呢？理由很简单，就四个字：多快好省！

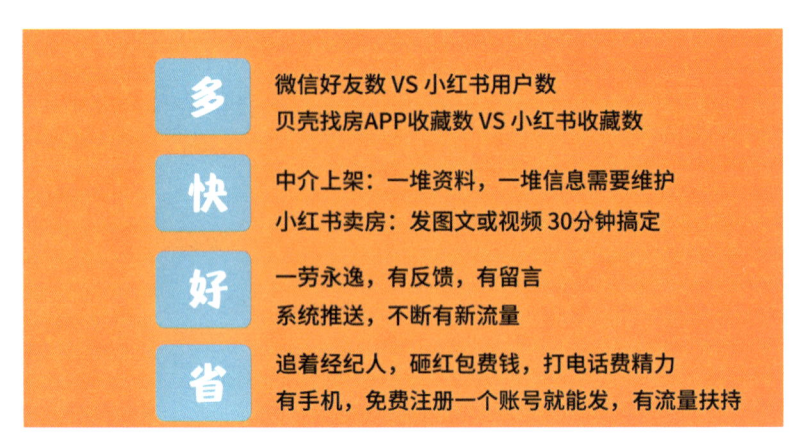

多	微信好友数 VS 小红书用户数 贝壳找房APP收藏数 VS 小红书收藏数
快	中介上架：一堆资料，一堆信息需要维护 小红书卖房：发图文或视频30分钟搞定
好	一劳永逸，有反馈，有留言 系统推送，不断有新流量
省	追着经纪人，砸红包费钱，打电话费精力 有手机，免费注册一个账号就能发，有流量扶持

在小红书平台发布卖房信息的理由

（1）曝光多。

笔者经常发现有业主在微信朋友圈发布自家房子的出售信息。我们在发布房源信息的时候，肯定是希望更多的人看到，但是如果你做的不是销售、商务运营、微商这类工作，微信好友数其实是相对比较固定的，特别是在朋友圈充斥着各种广告的情况下，很多朋友越来越不愿意点开朋友圈，有的人甚至直接关闭了朋友圈。因此，业主在微信朋友圈发布自家房子的出售信息，效率其实是很低的。

反观小红书平台，用户数正处于不断增长阶段，各类分享笔记如雨后春笋般出现。普通人发布一条笔记，只要用好了笔者后面分享的一些小技巧，肯定能增加房源信息的曝光量，让买家主动找上门。

在卖房的时候，大多数业主会用到一款软件，叫贝壳找房，如果买家对一套房子感兴趣，就会点击收藏。笔者比较了一下，同一套房源，发布在贝壳找房上的点击收藏人数只有发布在小红书上的点击收藏人数的 1/3。

（2）发布快。

卖房其实是一项系统工程，在房产经纪平台挂牌上架只是最简单的一步。业主一般会去小区附近的房产中介门店联系经纪人，通过房产经纪平台登记上架。在售卖过程中，业主需要提供一系列资料，并与经纪人配合定期维护，才能把房源评分维持在一个比较高的水平。在小红书上发布卖房信息就没这么复杂，无论是发布图文还是视频，最多 30 分钟就可以搞定了。

（3）流量好。

笔者希望发布一次卖房信息后就不用怎么管了，实践下来，发现小红书平台特别合适。

只要你发布的笔记信息真实有效，有自己的真情实感，且没有触犯平台的规则，那么发布笔记之后就会有大量点击量，这和平台的一个系统推送机制有关系。小红书平台目前特别鼓励刚刚注册的新用户发布笔记信息，而且会主动给新用户特别的流量奖励。陌生网友点进你的笔记之后，会给予各种反馈，有的会评论留言，有的会点赞收藏。与此同时，这些互动操作又会推动你的笔记信息上热门，不断吸引新的流量，从而让更多的用户看到你的笔记。这在无形之中增加了房源笔记信息的曝光量。

（4）省精力。

按照卖房的常见做法，业主会通过经纪人挂售房源。一旦把房源公布在房产经纪平台，业主就不得不做好电话被打爆的准备。如果碰上市场行情低迷，业主又不得不追着经纪人了解出售房源的带看情况。不论是发红包还是打电话跟进经纪人，都是比较费钱又费精力的事情。

相比之下，如果业主想在小红书平台发布卖房信息，只要免费注册一个账号就可以了。如果业主是新用户，平台还会额外给予新用户流量扶持。大家可以拿起手机，免费注册一个账号，开启卖房之旅。

2. 四个步骤教你吸引买家

小红书平台上的卖房成功帖

当笔者刷到上图中的笔记时，一个大大的问号闯进笔者的脑袋："为什么那些无聊的卖房成功帖会有 1000 多人评论留言？笔记里一点干货都没有啊。"好奇心驱使着笔者点开了评论区，更让笔者震惊的是，评论区齐刷刷在说"接顺利卖房""接快速顺利卖房""接好运卖房""恭喜恭喜，接好运"。正是这些陌生网友在评论区的许愿，把这条小红书笔记顶上了热门，被推荐给更多的人。对于基本没有粉丝的普通人而言，点赞量超过 1000 个就算是比较热门的笔记信息了。还有一些用户会在小红书平台发布卖房成交的感谢帖。

关于如何更好地在小红书平台发布卖房信息，笔者总结了一些小技巧，可以帮助你更快吸引到潜在的买家，请和笔者一起解锁小红书的流量密码吧！

吸引买家的技巧：物料准备

（1）物料准备。

基础物料主要包括出售房源的照片、视频及房产证等相关资料，比较敏感的信息可以以打马赛克的方式发布在小红书平台。提供的资料越翔实，越能增加笔记的真实性，从而提升网友的信任度。加分物料主要包括出售房源周边环境的照片和视频，如果以真人出镜的方式介绍房源相关信息，更容易获取网友的信任。另外，建议大家一边卖房一边写卖房日记，可以回顾自己当初的买房故事和当下的卖房感受，用真实的心路历程吸引有缘人，往往朴素而真实的故事最容易打动人。

吸引买家的技巧：内容制作之封面和标题

（2）内容制作。

一篇笔记的点击量与笔记的封面和标题有着密不可分的关系，好看的封面往往更吸引人。想用最少的时间制作出高质量的笔记封面，离不开软件工具的加持。"黄油相机"App 和"稿定设计"App 都是非常适合新手使用的傻瓜式软件，都提供了大量的免费模板，并且有适合在小红书发布的系列模板，可以直接套用，如果不是非要使用特定的花体字、贴纸、滤镜，这些免费的功能就足够了。

有了好看的封面，还要注意笔记正文不要出现平台禁用的敏感词汇，否则笔记也会被限制流量。笔者一直用"零克查词"这个网站免费过滤笔记正文。网站的使用方法很简单，把需要筛查的文字复制粘贴到左边的方框，点击"立即检测"按钮，就会在右边的方框内看到筛查结果。建议删除的文字会被标注黄色，可以修改后再发布笔记，这样就不会被平台判定为违规。

想要获取更多的流量，可以试着在笔记正文结尾处插入热门标签，这样就会被推送给对某个标签感兴趣的用户，进而增加笔记的曝光量。这个小妙招是很多发小红书笔记的用户容易忽略的，白白丢掉了平台送的流量福利。

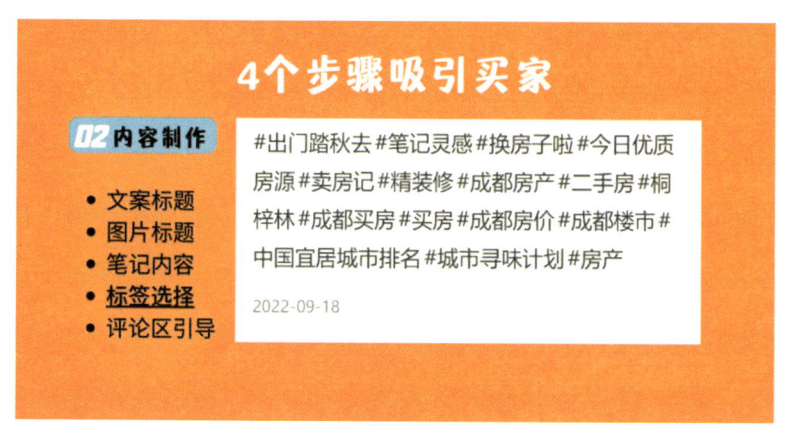

吸引买家的技巧：内容制作之标签选择

以上是笔记内容的主体部分需要重点关注的几个方面。此外，评论区其实也是需要花心思的地方。如何引导用户互动（评论、留

吸引买家的技巧：内容制作之评论区引导

165

言、点赞、收藏）？如何巧妙地回复不触犯平台的规则？选择什么类型的评论进行置顶操作？互动越多，平台向你倾斜的流量越多，一定要利用好平台的规则。

（3）择时发布。

很多人都说小红书的流量是玄学，自己随手发的身边小事的浏览量往往超过自己精心设计的笔记的浏览量，其实不论怎样，如何科学合理地蹭到流量是必须掌握的，选择在大多数人浏览小红书的时间段发送更容易获得互动。可以对照一下，看看你是不是也喜欢在以下几个时间段娱乐、放空自己呢？

6：30~8：00，通勤时间，在地铁、私家车上，用小红书打发无聊的通勤时光。12：00~14：00，午休时间，在餐厅、办公室里，一边等餐一边刷小红书，吃饱后躺着刷会儿小红书再午休。18：30~21：30，打工人专属时间，结束一天的工作后，刷小红书放松一下，心情也会变好。

除了在合适的时间段发送笔记，参加平台的活动也能免费蹭到流量，比如笔者经常参加的"笔记灵感"活动，每次都可以瓜分到平台流量。具体做法：点击小红书右下角的"我"，在显示的个人主页界面点击左上角的三条横线，选择"创作中心"，在创作中心界面下滑到"笔记灵感"，点击"去发布"按钮即可。可以点击"更多灵感"，选择你感兴趣的话题去发布。这样操作后，你的笔记就会被打上"# 笔记灵感"的标签，瓜分到流量后系统会通过后台私信的方式提醒你。

21 小红书大法：1万人围观我在小红书卖房

蹭"笔记灵感"热度的方法

（4）高阶建议。

如果想让自己发布的卖房笔记更吸引人的话，也可以试试以下几种方法。

把卖房笔记制作成一系列短片，滚动播放，像拍连续剧一样。笔者为成都桐梓林的房子制作了一系列视频，每个片段都是在介绍房子的某个空间，比如一楼、二楼、露台，分开介绍，避免视频过长，提高视频的完播率。

去别人发布的热门笔记下面留言。笔者经常在一些点击量比较高的房产笔记下留言，因为点击量高的笔记评论区很可能是一片荒芜，如果你早早留下"脚印"，就很容易被其他人发现并点进你的主页观摩一番。

用"关键词搜索法"寻找买家。笔者罗列了一些自己常用的关键词组合，比如：城市名+二手房、小区名称、城市名+学区房、城市名+买房落户、城市名+小红书卖房。大家可以打开脑洞，把自己代入买家的角色，找到热门关键词。

167

制作系列短片发布

3. 四个要点写好卖房笔记（附真实案例剖析）

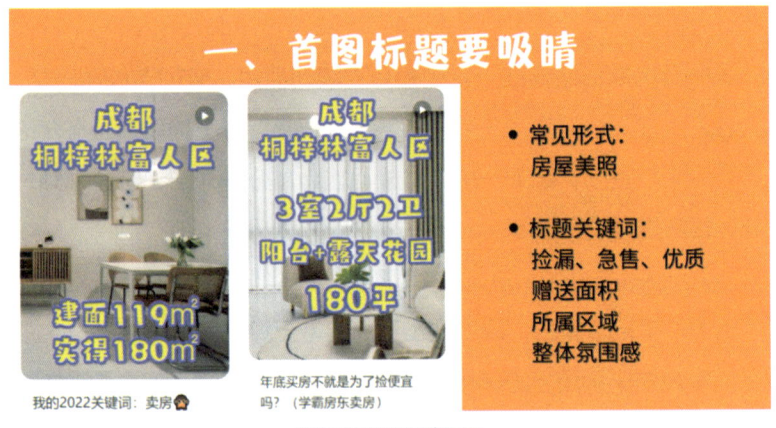

首图和标题吸睛展示

（1）首图、标题一定要吸睛。

房产类笔记最常用的首图就是房子的照片，选一张美美的照片，路过的网友都会忍不住点击进来看两眼。图片上的标题一定要凸显关键词，让买家觉得错过这套房子就太可惜了，比如"捡漏""急售""优质"。强调房子的赠送面积,让买家觉得很划算,占了大便宜。凸显所属城市区域和有特殊价值的版块,比如小区位于老牌富人区。凸显整体氛围感,比如这个小区依山傍水,适合养老。标题要精简有力,让人过目难忘。

(2)笔记标题要强调业主自己卖房。

想必大家都很讨厌那些假装业主的房产中介发卖房信息吧,之所以选择小红书平台,就是希望能看到真实的业主卖房信息。为了把业主与房产中介区分开,一定要在笔记标题里强调是业主卖自家的房子,必要时可以加上"非中介""无中介费"这样的字眼。

(3)笔记内容隐藏关键信息。

发布的笔记看起来内容很丰富,户型、房源亮点、小区特点、教育环境等均要有所提及,但是可以故意遗漏小区的名称和想卖的价格。因为这两个关键词是买家最关心的,可以通过这种方式引导网友在评论区提问进行互动,以便获取更多曝光量。

(4)评论区引导互动。

可以对每一个评论进行文字回应,回应前还可以点赞对方的留言。这是一种互联网平台的社交礼仪,也可以体现业主卖房的诚意,相信美好的能量是能够流动起来的。需要注意的是,不要直接把小区名称和出售价格写在评论区,这样就不会有那么多人继续留言了,要引导对方去看私信回复。每人每天给陌生网友发私信的条数是有限制的,所以尽量在评论区引导对方给你发私信以获取相关信息。遇到不那么友好的评论,一定要放平心态,留言都是你的草船借来的箭,会助推你的笔记上热门,要巧妙应对。

通过以上操作,在新冠疫情期间大家在家隔离时,我们通过小红书遇到了线下看房的潜在买家,当时这位买家还处于阳性状态，非常迅速地看完了房子，也对我们卖的这套房子很满意，可惜的是，当时我们成都的小伙伴没有直接去线下见面，错失了这位买家。不过值得庆幸的是，2023年1月初，房子成功出售，业主在过年前顺利地了却了一桩心事。

祝大家都能通过小红书卖掉自家的二手房！

22 念念不忘大法：显化你的卖房愿望

青岛某顶复房子实景

上图这套房子的业主常年工作生活在上海，老家（青岛）黄金地段的大面积顶复（单价在每平方米 3 万元以上）一直是他的牵挂，挂牌 1000 多天，一直没卖出去。业主身在上海，卖青岛的房子来回折腾实在耗费精力，所以他选择全权委托我们团队帮他卖房。

在青岛，每年成交的六七百万元的新房和二手房加起来，也就一两百套，客源稀少，成交希望渺茫。更麻烦的是，房子所在小区已经两年没有成交过顶复了。接手这套房子的时候，我们心里也犯嘀咕：这样的房子买家从哪儿找呢？没想到，我们接到委托人的诉求后，只用了 40 天的时间，就成功地将这套顶复出售了。

复盘出售过程，我们认为有两个比较重要的点：一是房子经由设计师打造后，成为了区域性颜值标杆，吸引了众多房产中介带看；二是我们做了大量的渠道建设和推广工作，基本上把青岛房产经纪人手里匹配的买家都挖了一遍。

我们还有一个妙招，叫念念不忘，我们在所有代售项目中都会使用。从心里面的念念不忘，落实到微信群里的卖房日记，每周我们都会围绕出售中的房子在群里分享近期的进展情况，业主也会分享自己与房子之间的一些故事。在 40 天的出售时间里，我们大概写了 16 篇卖房日记，业主也分享了关于房子里发生的故事。

1. 第一篇

2022 年 3 月 20 日，我们启动了这套房子的代售方案。团队对这套房子接下来要推进的工作，包括操作策略和卖房思路，一起头脑风暴了两个多小时。

2. 第二篇

2022 年 3 月 21 日，我们在调研的时候抒发了自己对这套房子的感受。跟房子相处久了是能产生链接的，因此我们整理出的房源笔记

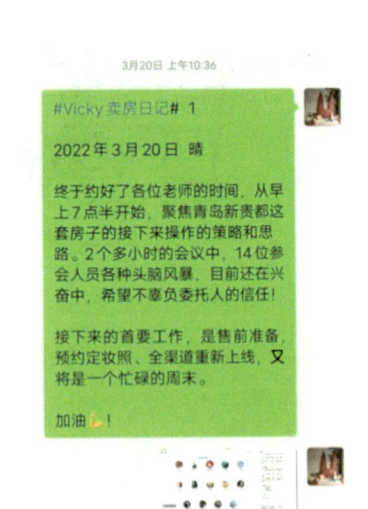

卖房日记第一篇

相比于冷冰冰的经纪人版本，更有烟火气，更能打动潜在买家的心。做市场调研的时候，我们也会搜集小区邻居对房子的评价，方便介绍给潜在买家。

当时整个青岛还处于新冠疫情隔离状态，我们只能做一些准备工作。刚好这天又听到了东航飞机失事的噩耗，怀着沉重的心情写下了这篇日记。因为不知道意外什么时候会发生，所以更要珍惜一家人在一起的时间，大房子可以承载一家人的喜怒哀乐。

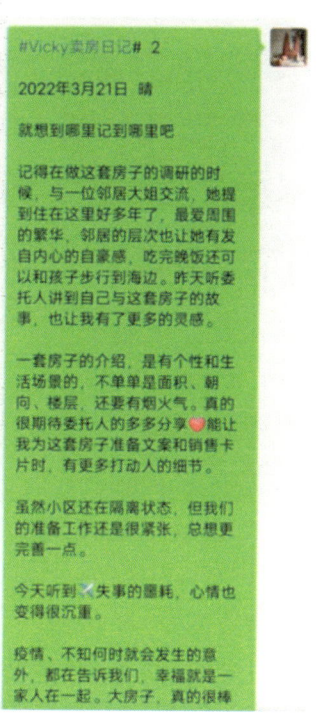

卖房日记第二篇

3. 第三篇

2022 年 3 月 22 日，我们在做市场调研，及时将关于青岛市场的整体二手房情况同步给业主。青岛的库存量排名全国第一，主要是新区和郊区的供应量比较大。此时，青岛市政府也出了新政策，限售时间由五年改为两年。这也就意味着又有一些新房源可能要上市，其中肯定也会有我们的竞品，所以后来我们抓住了第一个出价的买家，促成交易，因为越往后拖竞争越激烈。

卖房日记第三篇

4. 第四篇

2022 年 3 月 23 日，业主分享了关于房子的各种温馨故事。很多独家记忆只有业主亲自讲出来才有感染力，而这些故事正是我们作为代理人去和潜在买家、经纪人沟通的时候可以打动他们的点。业主当初为什么要买这套房子是很重要的，因为这也许会是潜在买家的购买理由。我们也同步更新了一些数据。

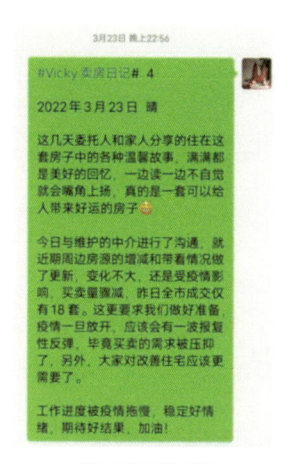

22 念念不忘大法：显化你的卖房愿望

卖房日记第四篇

5. 第五篇

2022年3月24日，同小区隔壁单元有一套顶复刚刚挂牌拍卖，拍卖的时间定在4月11日，房子后来流拍了。

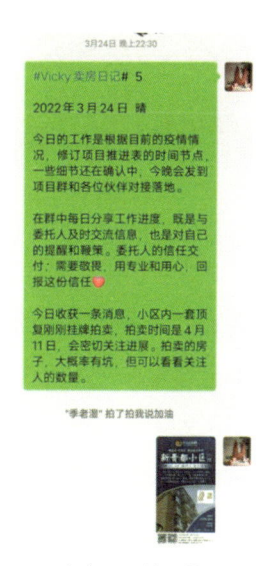

卖房日记第五篇

175

6. 第六篇

2022年3月25日，分享了限购放松的政策。我们约工长周末去做定妆照之前的准备工作。日记中说了点题外话，包括我们如何理解这类房产，也是为了给出售的房子加持一些能量。

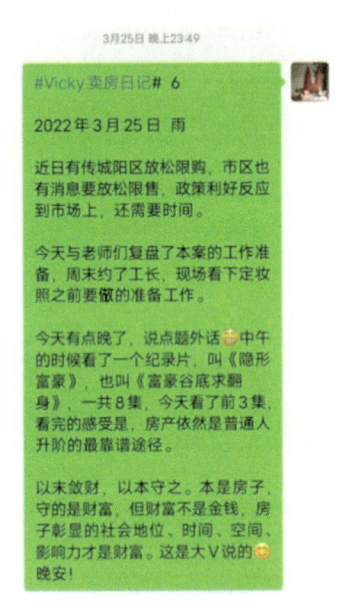

卖房日记第六篇

7. 第七篇

2022年3月27日，我们开展每周碰头会，将房子的出售进展向业主汇报。这套房子如果有电梯，那就真是王炸了，在房间里面待着非常舒服，这套房子又处于青岛市南的黄金地段，往外看高楼林立，整个城市界面非常漂亮。怎样找到精准买家？什么样的人会买这样的房子？我们脑子里一直在想这些问题。我们不断跟经纪人强调，带看很重要，只要有人能看中这套房子，就有成交的可能性。

> #Vicky卖房日记# 7
>
> 2022年3月27日 晴
>
> 早上7点半开始每周碰头会，聚焦房子的进展。季老师虽然在东京，但也每会必到，一起商议进展，辛苦各位老师为本案的加持🌹
>
> 26日青岛疫情新增确认终于为0了，胜利在望！目前小区虽然解封了，但暂时还只允许业主进出。保安大哥尽职尽责，为疫情防控全员清零努力。杨工偷偷加了保安小哥哥的联系方式😊 及时保持联系，第一时间获取可以进入小区的消息。
>
> 春暖花开，阳光正好。想到委托人提到，最喜欢温暖的阳光透过窗户洒到每一个房间中，随意抽一本书，坐在阳台上品茗畅读，好不惬意。有的时候，努力打拼，努力工作，不就是为了有一间属于自己的洒满阳光的书房吗？每每想到一点，就会很开心记下来，梳理成话术，未来要讲给客户听。
>
> 对于买房子的人而言，要做出买房决定，既是一件需要大量数据、调研、对比、计算的理性投资决定，有时又可能就因为走入一套房子中，突然之间的怦然心动，或者房间的一个场景和画面直击柔软的心底，或者听到了房子曾经主人的温馨生活故事，而做出购买决定。很微妙，买的是房子，也是生活。
>
> 而我们，就是要通过大量的工作，找到精准的客户，营造打动他的场景，或讲一个打动他的故事。

卖房日记第七篇

8. 第八篇

2022年3月29日，新冠疫情在山东突然暴发，我们和工长确认了露台的优化方案，计划采用户外大法把露台打造成卖点之一。

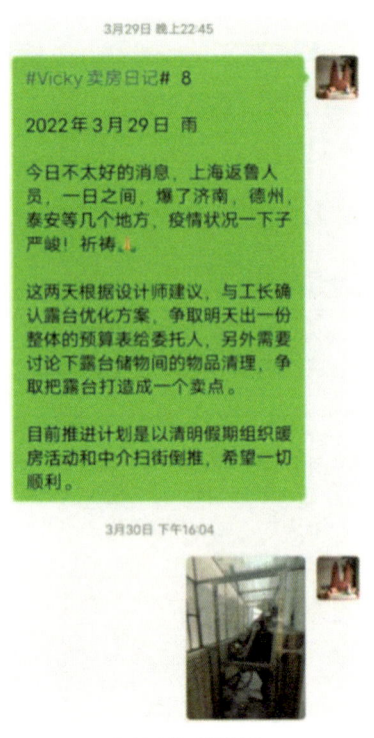

买房日记第八篇

9. 第九篇

2022 年 4 月 1 日，工长没能进入小区，我们收集了近期青岛售价在 500 万元以上房源的成交数据。可以发现，黄岛、崂山、市北等区域价格在 500 万元以上的房子，买家优选电梯房或者别墅。

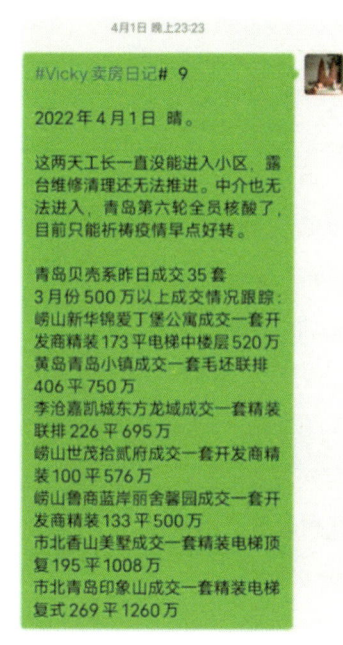

22 念念不忘大法：显化你的卖房愿望

> #Vicky卖房日记# 9
>
> 2022年4月1日 晴。
>
> 这两天工长一直没能进入小区，露台维修清理还无法推进。中介也无法进入，青岛第六轮全员核酸了，目前只能祈祷疫情早点好转。
>
> 青岛贝壳系昨日成交35套
> 3月份500万以上成交情况跟踪：
> 崂山新华锦爱丁堡公寓成交一套开发商精装173平电梯中楼层520万
> 黄岛青岛小镇成交一套毛坯联排406平750万
> 李沧嘉凯城东方龙域成交一套精装联排226平695万
> 崂山世茂拾贰府成交一套开发商精装100平576万
> 崂山鲁商蓝岸丽舍馨园成交一套开发商精装133平500万
> 市北香山美墅成交一套精装电梯顶复195平1008万
> 市北青岛印象山成交一套精装电梯复式269平1260万

卖房日记第九篇

10. 第十篇

2022年4月8日，露台方案一出来我们立即行动。青岛的新冠疫情预警已经解除，这套房子迎来了第一组带看，但是因为还没有达到完美屋况，没成交。房子需要进一步美化，包括保洁、香薰和定妆照的拍摄。房子之前在二手房平台上挂售1400多天，如果买家看到这条记录，会心生疑问，所以我们将其进行了下架

> #Vicky卖房日记# 12
>
> 2022年4月8日 晴。
>
> 昨天才说带看和推广走起来，今天就迎来了一组带看，信念加持的神奇😊。
>
> 这组客户是通过链家来的，反馈的情况比较平淡，因为比较长时间的封闭，屋内的卫生不是很好，尘土比较多，二楼北向次卧屋顶有发霉的情况，已经与工长联系，周末过去处理，卫生也做一下。
>
> 根据计划，中介开放日的准备工作已经在启动，加油💪。

卖房日记第十篇

179

11. 第十一篇

2022年4月17日，我们一边安排护栏制作，一边在后台打磨"业主自荐"，提升房源评分，争取做到必看好房标准，渠道方面的筹备组也已组建完毕。希望业主不要担心，因为我们是一直站在业主这边的，目标就是帮业主把他的房子卖出他想要的价格。我们诚意卖房，不随意降价，向买家展现诚意，业主也要放平心态，别着急。

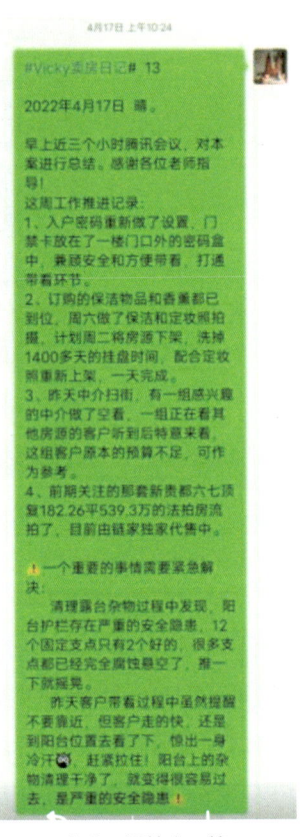

卖房日记第十一篇

12. 第十二篇

2022年4月20日，200人的种子经纪人群已建好，朋友圈的推广已到位。推广的那几天，青岛的经纪人朋友圈被我们这套房源刷屏了。渠道经纪人主动去拍摄房间视频，通过短视频平台进行分发，我们把房源的渠道推广做到了极致。另外，我们潜进了小区业主群准备采用邻里大法，邻居的朋友或者亲戚也有可能买这套房子。

卖房日记第十二篇

13. 第十三篇

2022年4月23日，我们的经纪人群已经有400多人了，包括的房产中介公司有德佑、链家、龙湖、太平洋、友家、科威、城市之家、我爱我家。我们还加了在崂山的经纪人，因为在青岛，改善的大标的除了在老城区就是在崂山，所以崂山的经纪人也会给我们带来潜在买家。我们计划在下周六安排房产中介开放日和集中带看日，结果还没有等到下周六，房子就签约出售了。

卖房日记第十三篇

14. 第十四篇

2022 年 4 月 25 日，我们跟踪了经纪人的带看反馈，比较几组出价后，发现有一组是 620 万元全款。我们跟经纪人沟通后，想约一下出价的买家，看能不能上桌谈，因为带看是第一步，出价是第二步，出完价愿不愿意上桌谈，就是检验买家诚意的第三步了。愿意上桌谈的买家才是真正的买家，我们及时跟进经纪人的反馈，而且也同步了那套法拍房的消息，从内部看到价格是 430 万元，真的挺低的。

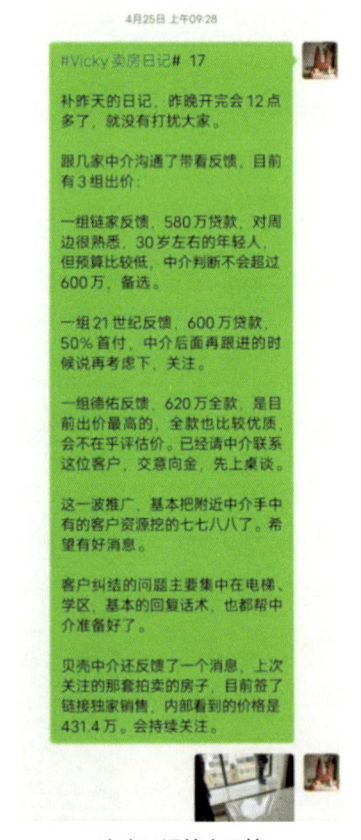

卖房日记第十四篇

15. 第十五篇

2022 年 4 月 26 日，业主分享了买房后的生活场景。我们整理后分享给经纪人群，并且告诉经纪人，在给买家介绍房源的时候可以用这些话术去推荐。

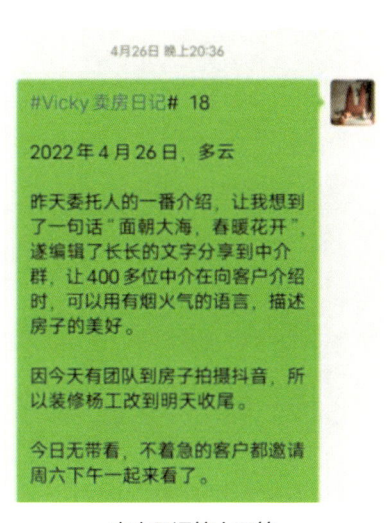

卖房日记第十五篇

16. 第十六篇

2022 年 4 月 28 日，竟然有经纪人来找我们，想请我们帮他卖房子，因为他觉得我们更专业。我们对几组带看买家进行跟踪，做了阶段性小结，没想到这套房子 4 月 29 日就签约了，也许这就是缘分到了吧。因上精进，果上随缘；物来顺应，事来应事。当我们做到只问耕耘、不问收获的时候，离好的结果就不远了。后面就没有再写卖房日记啦。上桌谈判从下午 4 点开始，一直到晚上 11 点签约完成，终于赶在五一放假之前，帮业主把房子成功卖出了。

> #Vicky卖房日记# 19
>
> 2022年4月28日，多云
>
> 经过上周运营，几百个中介朋友圈渠道推广，达到了刷屏的火热程度。有中介小伙伴说，除了开发商推广，还没有见过哪套二手房做到这个程度。
>
> 从周四23日开始上客户，23日4组，24日2组，25日无带看，26日1组，27日2组（其中一组是复看）。每天继续跟中介沟通，早中晚三次话术跟进，今天看到有中介继续发朋友圈了。
>
> 26-27日的两组初看，还没有出价。
>
> 前面客户跟进情况通报：
>
> 1、上次要产证去银行评估的，跟进是银行评估价太低，只有500多万，要再找两家银行问问。
> 已编辑话术反馈中介，去跟进了。还是要聚焦在房子上。
>
> 2、出价600万贷款的，中介再跟进没有反馈，先放一放。
>
> 3、出价620万全款的客户，这几天和中介通了多次电话，成功邀请客户家人昨天复看，如果能缴纳意向金，说明是比较有诚意的，可以上桌谈。今天会和中介再跟进。
>
> PS：青岛疫情目前趋于平稳，但周边烟台有了新的变异病毒案例。

卖房日记第十六篇

在电影《一代宗师》中，宫羽田在隐退仪式上对众人说："要知道念念不忘，必有回响；凭一口气点一盏灯，有灯在就有人在。"好多人以为"念念不忘，必有回响"只是句文艺台词，其实这句话出自民国佛学大师李叔同的《晚晴集》："世界是个回音谷，念念不忘，必有回响，你大声喊唱，山谷雷鸣，音传千里，一叠一叠，一浪一浪，彼岸世界都收到了。凡事念念不忘，必有回响。因它在传递你心间的声音，绵绵不绝，遂相印于心。"宇宙即是心，心即是宇宙，你所经历的必然是你所念念不忘的。这句话不仅反映了普世的"吸引力法则"，更强调了修身成事的内在驱动力。每个人都是一个磁场，生命中所遭遇的一切，包括人生选择、工作机会、生活状态、亲密爱人等都是由你的"心"吸引而来。推而广之，学问、功名、财富、地位等皆由自身修为吸引而来。这也是为什么在卖房的过程中，我们团队鼓励业主和我们一起写卖房日记。写卖房日记不仅可以排解掉卖房过程中五味杂陈的复杂心情，还可以让宇宙听到我们内心的呼唤与期盼。如果你在卖房的过程中有太多情绪无法排解、无人诉说，试试写一写卖房日记，心诚则灵！

参考资料

两年没人要的步梯顶楼复式，怎么卖？
青岛新贵都小区代售案例结案报告

23 开放日大法：二手房也有开盘仪式

一手新房开盘是个大日子，彩旗飘扬，锣鼓喧天，售楼处金碧辉煌，样板间光鲜亮丽，摇号排队好不热闹。种种策划安排都由房产营销公司精心设计，以求最大化激发购房者的冲动，并营造一种一房难求的紧张感。普通人卖二手房大多是在小区附近街面上找几家房产中介挂一圈牌就完事，而专业玩家卖二手房也是要开盘的。这里先分享一个 2019 年在广州观摩二手房开盘的见闻。

2019 年 8 月，笔者参加季老湿在深圳市组织的大型游学活动，回上海市之前听广州市的小伙伴说有一个资深炒家的房子要开盘。笔者早就耳闻广州市炒家文化的大名，有这等机会自然是不能错过的，于是更改行程赶到广州市观摩了这次炒家开盘。果然大受震撼！

房子是广州市越秀区靠近北京路历史文化风貌区的一套老破小，位于一栋 9 层步梯楼房的 5 层，房产证面积为 52 平方米，由两房改成了小三房，报价 216 万元。上海市的步梯房大多数只有 6 层，5 层已经算高楼层了。来了广州市才知道居然有 9 层的步梯楼，5 层成了中楼层，已经算好楼层了！

广告上写的是下午 1：30 开放，笔者大概晚到了 10 分钟。现场已经有很多人了，楼上楼下目测有 200 多人。爬楼上去的时候，几乎是前胸贴后背被人推着往上走，而且人流在狭窄楼梯上分成两股，右侧往上爬，左侧往下走。笔者花了10分钟总算爬到了5楼，发现进房子也是要靠挤才能进去的，房间和客厅里面都是人。笔者挤进客厅没多久，就听说这套房子售出了，然后工作人员说旁边还有一套同样户型的，要买去隔壁看。等笔者挤出来再挤到隔壁，还没挤进门，又听见里面喊卖掉了。笔者挤进门去没多久，就被工作人员赶出来了。这边炒家的规矩是收定以后立马关门肃客。

从笔者爬到5楼开始算，满打满算15分钟，两套房子都卖掉了！等笔者惊魂未定想下楼的时候，楼道里已是水泄不通、人声鼎沸，笔者定睛一看，又看到激动人心的一幕：工作人员在发庆功现金大红包，房产经纪人们将他团团围住。看到这场面，笔者才领悟到他们小广告上说的"说不定有惊喜"的含义。

回来以后，笔者的心情久久不能平静，提笔写了一篇文章将见闻发表在公众号上。读者可以阅读文后参考资料了解更详细的故事。

他山之石，可以攻玉。后来我们自己卖房或帮业主做代售的时候也做这种开放日活动，下面简单讲一下操作流程。

（1）首先需要有房子周边大量房产经纪人的联系方式，建议在做卖房市场调查的时候顺便加一些微信。数量多多益善，至少80个。

（2）准备好房源笔记、朋友圈九宫格照片、朋友圈文案、奖励海报、红包。

（3）通过至少80个种子房产经纪人做群裂变，发展到500人。在群内发房源笔记、奖励政策，预告开放日时间。

（4）在开放日前1~3天，做朋友圈裂变，要求房产经纪人在同一时间段内发出售房源的九宫格照片和朋友圈文案，照做的会给予红包奖励。

（5）开放日当天，要请几个朋友在现场维持秩序，早一点到场准备好鞋套。由专人负责发上门空看红包和带客奖励红包。如果天气热，冰箱里面准备一些饮料和矿泉水。

（6）开放日后再进行正常挂牌。开放日活动的要诀是要有新鲜感，所以不要提前挂牌。

通过开放日活动，可以最大限度地提高新房上线时的热度，如果运气好，当天卖掉也不是不可能。当然，做到像上面广州市资深炒家那样的效果是不容易的，人家有十几年的信誉打底，号称开盘必走，所以大家都来捧场。

这里要特别强调一下，不是什么样的房子都适合采用开放日大法。最好是以前没有挂过牌的新房源，并且最好是经过全面改造或局部改造的高颜值房源，以前挂过牌但经过改造面貌焕然一新的房源也可以。

如果房态很普通或者只是做了洗脸改造，就不适合做开放日活动。若是经过全面改造的高颜值房子，即使挂牌价格高，还是有很多人来看的。如果房态一般，价格又没有优势的话，就不要做了，强行做的结果就是贻笑大方，或者根本就做不起来。

开放日活动的操作还有很多细节，这里就不一一赘述了，如果读者感兴趣自己又操作不来的话，最好请专业代售团队来操作。

参考资料

揭秘！这个最赚钱最快的行业，
竟然是这么赚钱的 / 广州炒家文化
现场观摩见闻分享

第 3 章

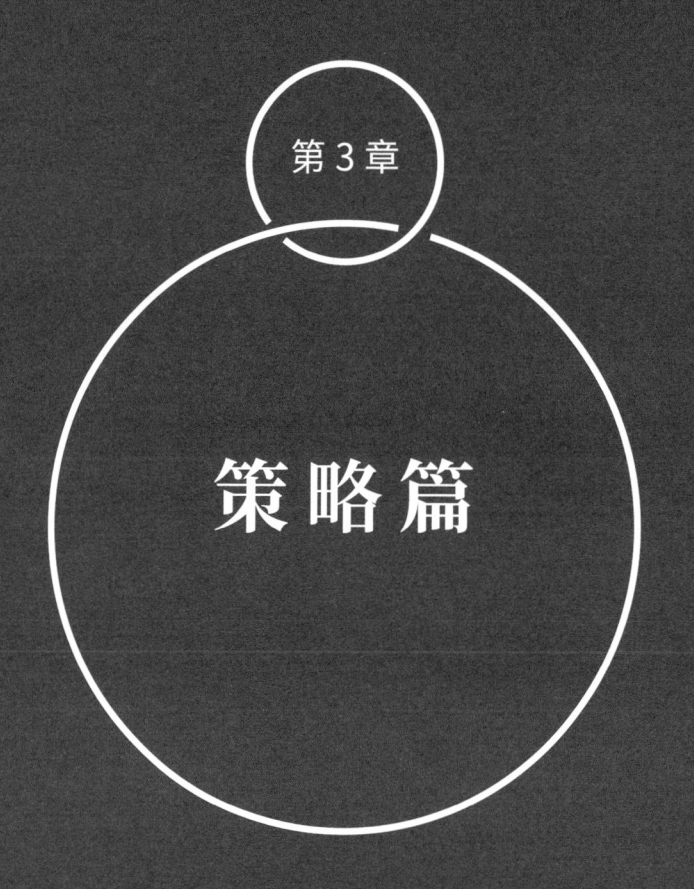

策略篇

24 高佣大法：如何提高房产经纪人积极性

现在给房产中介的佣金一般是业主付 1%，买家付 1%~2%，很多房价较低的地方还流行佣金全部由买家付。现在行情不好，挂牌竞品太多，房子不好卖，怎样让中介重点推介是个大问题。做改造提高颜值太花钱，害怕卖不回装修本钱。杀低价可以，但是大家都杀价则没有最低只有更低。那还有没有其他办法？这里给大家推荐"高佣大法"，就是给成交的经纪人超过他们公司规定正常佣金的个人佣金，让经纪人成交你这一单获得的收益，相当于成交别人两三单，甚至 10 单的收益。

这里先讲一个比较极端的案例。2019 年的时候，我们有个做房屋改造的客户 D 先生，他人在广东省某三线城市，早年主业是开厂做外贸。有了积累之后他就开始投资买房，年纪大了以后逐渐转向专业炒房。D 先生在本地买了很多房子，临近退休时准备卖掉一些，于是购买了我们好几套设计方案，房子改造好后就边做民宿边卖。2019 年夏天，我们在广深做了一次大型游学活动，有幸跟 D 先生吃了顿饭，席间他跟我们分享了他卖一套商铺的故事。

D 先生早年买过一个商铺，当时很便宜，现在这个商铺的市场价为 1500 万元左右，无论怎么卖他都是赚大钱的。但是，在他所在的小地方，因为受电商冲击，实体商铺卖起来比较困难。这种商铺一般转租的多，买卖的少，可以说是流动性最差的一类资产，所以挂牌了一段时间，问津者寥寥无几。D 先生不愧是做过大生意的人，为了破局，很有魄力地实施了一个高佣奖励政策。他许诺，除了给成交经纪人正常佣金，另外给个人佣金 100 万元，并打出广告，号称"卖一套就买房买车，卖一套就财务自由"。这个广告打出去之后，轰动了全城的房产经纪人，本来这笔生意应该是专业的商铺中介做的，现在全城中介不管做没做过商铺都疯狂带客。最后这个商铺很快卖掉了，但是却没有经纪人拿到这 100 万元的个佣。这是怎么回事？

不是 D 先生不守信用，而是他根本付不出去。原来这个商铺的买家就是现在的租客。这个租客在这里做了很多年的生意，也准备续约继续做。看到突然一下来了那么多人看房，每天门庭若市，他慌了，生怕别人买走这个铺子把他赶走，于是找到 D 先生商量把这个铺子买下来，然后他们就手拉手成交了。这样不光百万元高佣没付出去，连正常中介费都省了！这个操作笔者听下来真是佩服得五体投地。

再讲一个案例，是上海市奉贤区的一套商业产权的复式公寓，建筑面积为 51.46 平方米，总层高达 5.2 米，加层以后单层有 2.5 米高，使用面积约为 80 平方米。这种商业产权公寓由于交易税费很高，不能落户口，所以流动性不好，一般房价也没什么涨幅，属于最难卖的一类房产。但是这套房子在二手房开盘当天 2 小时就卖掉了，而同小区竞品很多挂了 2 年都没卖出去。

这套房子的业主是我们 699 社群的一位小伙伴 W 先生，他主业是视觉设计师，持有这套房子已经 10 年了。当年因为年轻，觉得这套房子既能做工作室又能居住，加上开发商装修得很好看，就一时冲动买下了。买完之后发现房子几年都不升值，出租的话租金也不高。自己住了几年后就一直出租。让人头疼的是，这套公寓在上海市的郊区，离地铁很远。随着城市的发展，很多新房建起来后，这个房子就渐渐没有竞争力了，关键是房子也不升值，于是 W 先生就想卖掉它。做民宿是 W 先生的副业，加上本人是设计师，所以他无师自通地运用了民宿接口大法，把这套房子按照民宿风格装修了一下，然后边做民宿边卖。这套房子差不多是 2022 年 2 月装修好的，当时就挂了几个房产中介，看的人也不多。过了几个月，民宿生意虽好，但卖房一直不见起色。由于 W 先生是要卖掉这套房子置换购房的，延宕几个月以后，他也看好了要买入的标的，就有点急了。后来他找到季老湿团队，我们给他出了一个使用"高佣大法"的主意。

　　首先，通过市场调研，W 先生确定了到手价 90 万~95 万元，算了一下税费，定价就是 105 万元。经过商议，我们决定给房产经纪人一个超出所有人预期的高佣，于是就策划了"7 月成交给 10 万元佣金，8 月成交给 8 万元佣金"的策略，挂牌价是 115 万元。当时挂牌 110 万元到 120 万元的房子都有，但是很难成交。我们先将房子下架，然后建群做裂变，再做开放日围盘。10 万元高佣的广告打出去后很快就火爆房产经纪圈。我们周四建群开始预热，周六等民宿客人退房以后赶紧打扫卫生，由于时间紧急，房态很难说完美，当天就有 50 多个房产经纪人提前空看。周日下午 2 点到 4 点是集中带看时间，1 点 45 分开始就有房产经纪人到场，陆陆续续来了几十批房产经纪人。我们准备了红包和巴黎水，感觉整个奉贤区的房产经纪人都来了。当天就有 3 组意向买家要谈，我们挑了一个付款时间等条件比较满意的买家先上桌，然后就抓住第一个出价买家成交了。成交价格是 112.8 万元，除了给房产经纪人的 10 万元佣金和 10 万元税费，到手价大概是 92.8 万元，符合我们的预期。买家是一对母子，儿子比较年轻，刚参加工作，大概正规商品房买不起，买这种房子先落脚。这个故事的详情请参阅文后参考资料。

奉贤区这个案例充分体现了"有钱能使鬼推磨"的道理。这套房子是业主自己装修的，平心而论，从颜值的角度看，水准一般，当然，比其他简装出租的房子要好一点，挂牌价格在当时也处于正常范围。无论是产品还是定价都没与竞品拉开距离，唯一的抓手就是高佣，而且是超乎预期的高佣。

最后，我们对想采用高佣大法的读者提出建议：如要采用高佣大法，首先请打开格局，佣金一定要超预期！奉贤区这个案例的成交经纪人拿到手的收益差不多相当于卖同类十套房。当然，商业产权的公寓有其特殊性，本来就难卖，正常交易的话，有的房产中介公司会收业主 2 个百分点的中介费。如果是正常住宅产权的房子，佣金与房价的比例不必像本案例一样夸张，但是一定要超预期。此外，本案例除了采用高佣大法，还采用了民宿接口大法、开放日大法，做了中介群裂变和开放日围盘。我们运用卖房大法一定要打组合拳，单独运用某大法未必奏效，但组合运用成功率就高了。

参考资料

2 小时秒售远郊公寓，我做对了什么？

25 估值大法：亮出你的投资回报率，用估值吸引买家

上午签订租赁合同，晚上就带着租赁合同把房卖了，这是什么操作？成都的寒阳老师是季老湿团队的资深产品经理，也是卖房大法策略班的代教老师，他为我们带来了他出售自己房子（位于成都SOHO沸城）的故事。这套房子的产权是住宅产权，实际就是类似酒店式公寓的1房1卫1厨，建筑面积为32.3平方米。

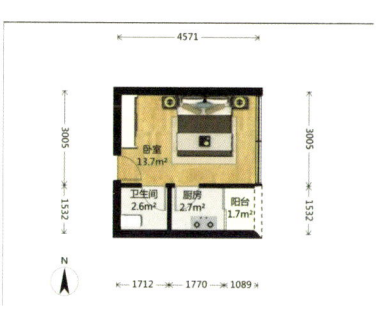

成都SOHO沸城房子的实景图和平面图

这种房子是早年商改住打擦边球的房子，虽然是住宅产权，听起来比商业公寓好卖一点，但是实际卖起来也不容易。因为买家几乎都是投资客，而小区共有800多户，这种小户型竞品多如牛毛，所以卖的时候踩踏严重。寒阳老师2014年全款30多万元买入此

房是为了房产投资，买下来之后简单配了点家具就出租了，一个月租金为 1700~1800 元，租金回报率有 5%~6%。

寒阳老师房子的内景照片

当时寒阳老师认为这是十分稳妥的现金流，不但高于银行利息，也具备抗通货膨胀的能力，还能挣点资产升值的钱。可惜，随着成都房地产市场自 2016 年起行情大涨，通货膨胀带动万物齐涨，商住公寓却未有明显涨幅，每月那些租金好像又"不香"了。到了 2021 年，寒阳老师对这套房子价值的龟速上涨实在忍无可忍，于是决定卖掉换筹。

这个时候的寒阳老师已经不是 2014 年时的"小白"了，经过在季老湿团队几年时间的成长，他也算是租售溢价改造的老法师了。于是他在改造之前做了详尽的市场调研，预估有四大类型人群可能为这个房子买单。

（1）投资客：买一个稳定的活期理财。

（2）单身自住：在离开学校开始独立工作与步入家庭之间，拥有一方自己的小天地，不租房看人脸色。

（3）四川大学学生家长：在学校附近买一个房子让孩子上学的时候住，孩子毕业之后房子可以卖掉或是继续出租。

（4）民宿运营者：买入后改成按天出租的民宿，可以实现租金的溢价，这就是699笔记中提到的"批零溢价"。

有了以上的买家画像，季老湿团队有针对性地做了设计，确定要打造出房屋清爽整洁，拥有一定的收纳空间，又最大化视觉空间的效果，再次发挥改造老破小的精神。与大部分业主的做法不同，不再把床放在屋子正中间，而是将飘窗利用起来，将床直接挪到窗边，最大限度空出客厅的位置，2.22米的宽度都能放下一个三人沙发了。接下来把厨房打开，毕竟楼下餐饮那么方便，学校也有食堂，不需要在家重油烟做饭。再加上隐藏在吊顶里的100寸电动投影幕布，娱乐与休闲功能更加完整，不仅仅是一个回来洗澡睡觉的地方了。这样的设计会让居住体验更加完整，更大限度地拉长租客的租期，达到稳定现金流的目的。

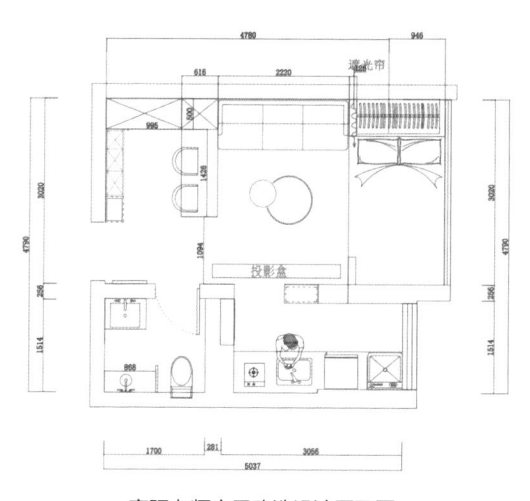

寒阳老师房子改造设计平面图

设计方案完成后，2021 年下半年开始施工。由于受新冠疫情影响，施工时断时续，历尽坎坷，一直到 2022 年初才竣工。改造出来的效果还是不错的，下图是完工照片。

寒阳老师房子改造后的实景照片

改造完成后，寒阳老师就迫不及待想直接挂牌出售了，但是市场行情急转直下。2021 年 3 月同户型成交价还在 52 万元，到了 2022 年 3 月房子完工时挂牌价却一路下行到 49 万元，5 月时连 46 万元的挂牌价都有邻居砸出来了，后来听说是 44 万~45 万元成交了。寒阳老师的房子挂牌价为 65 万元，想着要 58 万~59 万元成交。但是，即使下调挂牌价到 62 万元，渠道带看依旧乏力。相比前一年，显然当前的房价进入了下行区间，价格越走越低。改造完成了，钱也花了，接下来房子该怎么卖？

靠改造提升颜值直接卖高价的策略，在普通住宅上屡试不爽，但在这种商住公寓上好像失效了。寒阳老师思考后认为，商住公寓的受众比较窄，投资客居多，和自住买家不同，他们当然也喜欢高颜值，但他们不容易冲动，更看重投资回报比。于是寒阳老师重新拟定了房子的出售策略，将改造后的租金溢价作为突破重点，改变直接卖高价的做法，瞄准出租出售两相宜的客群给出好的投资回报比，争取售出。整体租售逻辑是："投入装修改造→打造房产差异化与稀缺性→更高的租金溢价→更好的投资回报率→更高的挂牌价格或更短的成交周期→更好的成交价。"

于是，寒阳老师开始构建自己的投资回报率模型。之前在巡视施工时，他已经提前踩盘了解了三类竞品的售价和租金情况：①同小区挂牌销售的竞品；②附近3千米内同面积的竞品；③附近3千米内同挂牌价的竞品。然后将它们列入表格，分别计算租金回报比，如下表所示。

知己知彼，才能百战百胜，但是知彼并不局限于同小区和同户型，而是要把眼界打开：站在买家的角度看，他的预算能够买哪里的房子？如果定位是要买一个年化收益率6.8%的活期理财产品，那么，竞品的投资报酬率应是多少？这些都是买家关注的重点，也与本次卖房的销售策略相关。

卖房策略定下来，就要在渠道拓展上发力了。除了出售挂牌，长租也挂牌，对周边的房产中介猛推一波可租可售，将精于租赁的房产中介也发动起来带看长租。古语说"酒香不怕巷子深"，但在当前的卖方市场上，叠加了住宅产权的具备酒店式公寓特性的房子，如果要拼价格，一定要与房产中介肩并肩一起作战，让房产中介更愿意优先推荐和促成交易。在有大量同户型竞品挂牌出售的同时，对房产中介来说，卖谁的房子都是卖，卖挂牌低的说不定更容易成交。

199

秒卖：写给业主的 36 个卖房大法

三类竞品的售价和租金情况

		小区	SOHO 沸城	SOHO 沸城	SOHO 沸城	SOHO 沸城	SOHO 沸城	SOHO 沸城	SOHO 沸城	SOHO 沸城	SOHO 沸城	桂花国际	桃北国际
		编号	10611051868	10610934158	10610739232	10610981113	10610998030	10610994294	10610696626	10610183796	10610731785	10610105537	10611061991
房源		户型	101	101	101	101	101	101	101	101	101	101	101
		面积（平方米）	32.3	34	35.15	36.31	36.57	32.13	36.57	35.04	32.51	32.53	36.24	40.69
		价格（万元）	65	53	48	49	50	51	50	53	57	55	65	72
		单价（元/平方米）	2.01	1.56	1.37	1.35	1.37	1.59	1.37	1.51	1.75	1.69	1.79	1.77
		租金（元）	3000	1800	1800	1900	2000	1900	1800	2000	1900	2000	1800	2200
		租金回报	5.54%	4.08%	4.50%	4.65%	4.80%	4.47%	4.32%	4.53%	4.00%	4.36%	3.32%	3.67%
		楼层	低	高	中	高	高	中	低	中	高	高	中	高
		装修	精	简	简	简	精	精	简	精	简	简	简	精
		备注	本案				好赞好房							
挂牌		日期	2022年3月12日	2022年2月24日	2021年9月21日	2021年3月1日	2021年11月19日	2021年12月9日	2021年12月5日	2020年12月27日	2018年11月11日	2021年2月22日	2018年3月10日	2020年3月5日
		天数	480	496	652	856	593	573	577	920	1697	863	1943	1217
		关注人数	7	0	19	24	10	4		27	36	17	38	1
		带看次数	0	0	4	0	1	2	5	0	1	1	0	2

200

这套房子在 7 月初同步挂牌 3900 元出租后,半个月左右就有个预算 3500 元左右的租客看上了。这个租金比寒阳老师改造前翻了一番,相比其他同类房租金最高 2000 元左右,溢价率一下到了 75%。很顺利地把租约押 2 付 2 谈完后,这个房子年度租金收入到了 42000 元。以寒阳老师的心理成交价 59 万元计算,投资回报率到了 7.1%,这已经超过了其原本的估计。

在周五上午签完租约后,寒阳老师又宣传一波可以带租约卖房了,争取在租客搬入前,冲刺最后一波集中带看。出售开放日前面做过了,这次告诉房产中介再卖最后一周,否则一年以后再相见。这波寒阳老师是下了大力气激励房产中介带看,不只空看有小红包,带看有大红包,成交还另有个人超大红包,把能想到的招数全都用上了。租约在手,再向房产中介灌输超高租金回报率的概念,终于把大家的热情带动起来了。

当天在 20 多组带看后,有 3 组买家明确表示了浓厚兴趣,寒阳老师觉得应该没问题了。果然,晚上接到了房产中介的电话,想要约上桌谈判,但是一问出价,才 52 万元!这可是上一年谷底时候的价格,而今年不仅重新装修改造了,市场的活跃度也有了回升。但是,为了不错过第一个诚意出价的买家,寒阳老师还是约了周五晚上细谈。原来买家是一位不到 30 岁的女生,精确计算了自己的贷款能力(公积金)和攒下的现款后,选择买这套房。

她原本按照预算出价 45 万元,但是 45 万元能买到的房,与这套房子相比,除了装修不同之外,也没有现成的租客与租金回报。(小插曲:那套挂牌 45 万元的房也是迅速被其他买家定走了,最后以 44 万元成交)于是,寒阳老师又详细地和她分析了房子的优势。

(1)现成租客与 3500 元的月租金,可以很好地缓解还贷压力。

也就是说，她能够出更高的价格来购买这个房子，因为租金可以覆盖贷款月供。

（2）房屋颜值高。房子是新装修的，不需要再次投入，不需要占用上班时间盯装修或是操心装修事宜。

（3）房子虽在 3 楼，但是已经将厨房的门打通，可以通往小区中庭的空中花园。虽然花园不是独有的，但是可以享受到难得的满眼绿意。

（4）2 个月的押金可以转交，相当于多了 7000 元的现金回款。

最终，双方各让一步，带着租金的交换条件，这套房子以 54.5 万元成交了，等于将投资回报率提到了 7.7%！买家也不是完全的投资客眼光，她就是在力所能及的范围内，提前购置婚前资产。随着收入的增长，之后收回自住也行。以 7.7% 的投资回报率继续出租可以稳定覆盖贷款月供，并还有结余零用钱。整套操作中还有很多细节，如果你没有时间和精力去学习操作，可以请专业的代售团队来操作。

虽然就小区成交价来看，54.5 万元并不是最高的，但是在房价一路下行的时候，能够快速出手也是一种成功。对比邻居的 44 万元，也算是有 23% 的溢价了。寒阳老师投入改造的费用是 4.5 万元，剔除改造成本，比邻居还多卖了 6 万元！

没有改造的旧房子不会产生溢价。对于改造后焕然一新的美宅，人们会喜欢它的美，也承认它的价值，但愿意为它付出高额溢价的买家还不多，对于它价格的判断还会受到平均价格的影响。只有改造并且运营起来，不仅能用租金的收益反哺投入，还能用现实的回报率来为买家计算房子的价格。7.7% 的回报率已经跑赢市面上绝大部分的理财产品了，也提升了房子的估值。这也是我们最终总结出来的"估值大法"。嘴上说房子千好万好没有用，一份租约亮出来，一切尽在不言中！

最后总结一下，估值大法就是通过改造提升租金收益，进而提升房产的估值，以便卖个高价。这种方法对于商住类房产和某些低总价类房产大有用处，因为租售比可以做得很漂亮，远超银行理财。若是普通住宅或高端楼盘，一线城市的租售比一般在 1.5% 左右，即使使出了九牛二虎之力将租金翻一番，租售比也才 3%，比率不够诱人。但是，由于一线城市基础租金高，租金提升的绝对值还是很可观的，比如原来 2 万元的月租金提升到 3 万元，一年就多出 12 万元。

本书所讲的各种卖房大法都有一定的适用范围，并不是普适的。像成都 SOHO 沸城这个案例，单纯的改造大法就失效了，最后结合估值大法租售并举才成功出售。另外，本案例操作过程中还综合运用了开放日大法、高佣大法等。寒阳老师作为老法师，这一套组合拳玩得行云流水，但是普通人一方面认知不够，另一方面也没有时间和精力去学习，最好还是让专业的人做专业的事，请专业代售团队来操作。本案例中还有很多有趣的细节，详情请参阅参考资料。

- **参考资料**

1. 成都 SOHO 沸城租赁结案报告

2. 成都 SOHO 沸城出售结案报告

26 捆绑大法：手拉手成交妙招

卖房是技术活，更是体力活。有没有一种方法，既能增加带看量，又能减少业主的时间投入呢？接下来要跟大家介绍的捆绑大法或许就有这种魔力。捆绑大法就是多位业主联手将其出售的多套房屋集中推广、捆绑销售的方法。

1. 捆绑大法的优势

（1）是抱团取暖的典范。在现实创业过程中，合股一起做生意的人比比皆是，因为大家都明白一个道理：抱团取暖比单打独斗更轻松。捆绑大法就是抱团取暖的典范。在实际创业过程中，合股并不局限于资金，还有人脉资源。因此，卖房经验、卖房渠道、卖房技术等都可以共享。从这点来看，完全可以把用捆绑大法卖房看作经营一家公司。

（2）可以实现业主、房产中介、买家多方共赢。房产中介接触到买家后，一般的服务流程是：先了解买家的需求和资金量，然后在有限的时间里尽可能多匹配一些符合买家要求的房源，设定好带看路线进行带看。捆绑销售使得同一小区相近产品相对集中，带看效率大大提高。对于业主而言，这样操作增加了带看机会。捆绑之前，每个业主负责自己的房源宣传，相对来说各个业主付出的时间成本很高，工作内容却是相似的。捆绑之后，可以集中向房产中介方推荐多条房源信息，包括房源基本信息介绍和美图，简化了房产中介跟多位业主的沟通。房产中介一般也会利用顺便策略："来都来了，不如我们去那边相近户型看看。"对于买家而言，可在最短的时间内多看几套房，方便做比较，更容易做出购买决策。

（3）避免信息不对称，被房产中介恶意杀价。正常情况下，同一小区同质化的户型挂牌后是互为竞品的，但是捆绑大法直接把竞品拉到了同一战线，而且想以什么价格出售，业主之间可以商量，这样既避免了打价格战，也能守住出售底价，减少被低价砸盘的可能。另外，很多业主在卖房过程中会被房产中介的"真假低价"给套路。比如，你有套房挂牌价为225万元，房产中介会跑过来跟你说，这个挂牌价稍微高了点，在隔壁栋相同面积相同户型的房子挂牌价185万元可谈，遇到这种情况，你很可能答应他们将挂牌价调整到220万元可谈。

2. 使用心法

（1）利他助人，分享卖房心得。如何争取其他业主跟你保持统一战线呢？必须保持真诚的态度，主动付出，主动分享你的卖房心得、技巧等，比如适当美化和清洁房屋，在小区邻居中广结善缘，得到多方助力。

（2）通过房产中介的带看情况与其他业主共同分析和探讨市场情况。对多个业主相近房源的带看总量进行翔实的数据分析，掌握最直接最真实的市场情况，商量相应的运营策略，避免在不知情的情况下错失买家，或者出现定价过低的情况。

（3）通过买家的看房反馈，积极调整房屋状态，达成快速成交的目的。从不同视角看房,每个房屋的优势不同,多个业主之间可以结合不同房屋的优势,根据买家的需求推荐不同的房子。

3. 成功案例：重庆市巴南区江南水乡 B 区

重庆市的房产市场一直被某些大 V 誉为"投资客的天堂",因为房子的相对总价不高、购房政策宽松等。但是,房子入手容易出手难,最近两年在重庆市卖房更是进入了"地狱模式"。案例房屋区位：重庆市巴南区江南水乡 B 区。小区的优点是绿化好、安静、低单价、低总价,缺点是步梯、楼龄老、人车不分流、离轻轨 18 号线较远、楼道内环境差。小区基本情况为：2005 年建成,共计 13 栋 974 户,由于是郊区步梯房,下午 6 点以后公交停运。

小区实景照片

本案例共有三套房屋捆绑销售，基本信息如下表所示。

重庆市巴南区江南水乡 B 区（2005 年步梯房）

类别	203（阿梅自持）	503（邻居的房）	402（邻居的房）
产权面积	84.16 平方米	84.16 平方米	107 平方米
购入总价	17.20 万元	17.00 万元	23.00 万元
购入单价	2043.73 元/平方米	2019.96 元/平方米	2149.53 元/平方米
售出价格	66.6 万元	62.6 万元	72.8 万元
售出单价	7913.5 元/平方米	7438.21 元/平方米	6803.74 元/平方米
售出时间	2022 年 4 月 8 日	2022 年 4 月 4 日	2022 年 5 月 4 日
改造方式	洗脸	局改厨房	洗脸
改造成本	3565 元	5000 元	3470 元
销售周期	3 个月（1 月 9 日挂牌，大家忙于过年，3 月带看量才起来）	6 个月	挂牌 1 年多未售出 洗脸后 3 天秒售
差异化竞争	露台、2 房改 3 房、低楼层	装修好些、高楼层、低总价	正三房、南北通透

（1）203 室。

203 室是本次捆绑销售的发起人阿梅的房子，这个房子有两大卖点：一是 2 房改 3 房，把阳台做成了一个房间，有衣柜，摆上一张 1.5 米的床，还很宽敞。二是有一个 20 多平方米的露台，可以养鱼、种花种菜，享受田园生活。

203 室实景照片

503 室和 203 室在同一楼栋，户型相同，2 室 1 厅，错层，建筑面积为 84.16 平方米，1 梯 4 户，坐北朝南。2 楼相当于 3 楼，5 楼相当于 6 楼，因为入户大门前有一段台阶。

203 室的平面结构图

203 室的业主毕竟是在"季老湿和他的小伙伴们"社群浸泡过的专业人士，深知颜值即正义，房屋的颜值对提升带看量至关重要，带看量大，成交概率才大。于是，业主从 2021 年 11 月开始换厨房吊顶，换油烟机管道，换卧室的灯，换沙发，换厕所门套，刷墙，换卧室挂画，换密码锁，总共花费3565元，用1个多月完成了改造，主要是刷墙和定制沙发花了较长的时间，正好避开了年前的淡季。由于打算年后3月卖，所以改造进度没有催得很紧。房屋在精心打扮好之后，2022年1月9日挂牌，4月8日和"如意郎君"喜结良缘。

（2）503室。

503室在买入时比203室便宜一些，但装修多花了5万元左右（在2016年前）。503室的业主在出售前把厨房改造了一下，花费5000元，并且购买了密码锁，方便带看。203室的业主在2022年4月4日接到房产中介电话，询问203室63万元卖不卖，并且说买家同时看上了503室，203室的业主直接告诉房产中介使劲推503室就好，不用考虑203室了。最终503室以62.6万元成交，业主比较满意，因为对门502室是同户型的房子，在2019年是以53万元成交的。

（3）402室。

402室是3室2厅2卫，建筑面积为107平方米，坐南朝北，南北通透。203室业主在邀请402室业主一起卖房之初，就建议其也把房屋收拾一下再挂牌销售，但402室的业主说："你的房子以前自己都没有收拾得这么规矩、这么用心，现在要卖了收拾得这么好有必要吗？我是不想弄，卖得掉就卖，卖不掉就放着。"实际上，402室的业主也是缺钱的，其在2022年购买中央公园的房子时借了钱，是希望早点卖掉这套老房子的，但是因为没有进行洗脸改造，一年时间也没有卖掉，带看量也是寥寥无几。

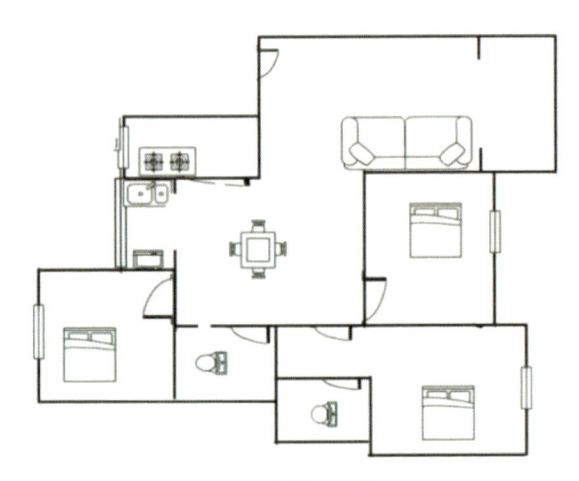

402 室的平面图

402 室改造前的实景照片

26 捆绑大法：手拉手成交妙招

402室改造后的实景照片

当4月4日503室卖掉、4月8日203室卖掉之后，402室的业主才改变了观念，开始着手洗脸，把该扔的东西都扔了，刷墙、换窗帘、换马桶、买软装，彻底做清洁，重新拍照上架，一气呵成。5月1日做完清洁，5月4日就成功出售了。事实证明，卖房经验的交流太重要了，如果没有采用捆绑销售的方法，普通业主是总结不出这种经验的。根据市场反馈调整房屋状态，效果立竿见影，之前挂牌一年没卖掉的房子3天就售出，不得不服。在2022年4~5月市场行情不好的时候，上述三套房的业主抱团取暖，快速卖掉了房子。更加精彩的详情请参阅文后参考资料。

4. 注意事项

（1）明确各房屋的优势，提交给销售渠道，有助于分析买家画像。共享出售渠道，2~3套房源集中宣传，减少了很多重复工作，一次带看多套房，卖房效率更高。

（2）提升颜值，改善房屋卫生情况，带看配合度越高，房产中介销售意愿越强，越有利于快速成交。

（3）拒绝内卷，详细了解买家买房的侧重点，让适合的房源先成交，并且在主推时守住价格底线。

（4）出售渠道建设很重要，要与不同的房产中介沟通，取得与销售渠道更深层次的合作。多套房源同时推广，可以共享销售渠道，分摊渠道建设费用。

参考资料

闺蜜群大喜，一个月嫁"三个闺女"
重庆巴南区江南水乡B区结案报告

27 意向金大法：不想白跑一趟的话，用钱锁定买家

不知道大家卖房的时候有没有遇到这种情况：约好上桌谈判，你已经坐在房产中介公司的谈判室，结果买家爽约不来了。笔者以前是遇到过这种情况的，当时笔者跟单位请了半天假，驱车50公里跑到房产中介公司，结果买家没来，笔者很生气。对接买家的房产经纪人是一个刚入行的年轻小伙，其店长过来赔礼道歉，然后责问年轻小伙为什么上桌谈判不收意向金。笔者也跟着听了一耳朵，原来如此。

上桌谈判前收取买家意向金，在有港台背景的房产经纪公司是标准流程，现在已经逐渐成为大陆的行业惯例。但现在房产经纪人的素质良莠不齐，所以我们不得不提醒一下。

首先解释一下什么是意向金。意向金也叫诚意金，买家有购买意向后，委托房产中介公司以书面形式将交易确定下来，并支付一定金额的意向金，以示诚意。如果业主同意买家的购买条件（要约），房产中介公司将意向金转交给业主，此时意向金的性质就发生了变化，自动转成定金，意向金协议也自动转为定金协议。如果买卖双方没有达成协议，房产中介公司将把意向金返还给买家；如果意向金协议转为定金协议，将对买卖双方产生约束力，双方必须

按约定履行义务，否则将承担法律后果。买家如果不按协议的约定签订买卖合同或不购买，业主可以没收定金；业主如果不按协议的约定签订买卖合同或不出售，应双倍返还定金。

意向金严格来说不是一个法律概念，意向金的支付只是买家购买房屋的意愿表示。在意向金转为定金之前，买家随时可以拿回意向金。在二手房买卖居间服务中，意向金转定金后，上下家任何一方违约或房产中介"一房二介"，都要承担合同约定或法律规定的赔偿责任。

意向金的金额大小并没有相关规定，金额小到一趟车马费，大到房价的1%都是可以的。买卖双方如约上桌谈判了，但是没谈成，意向金是要退还给买家的；如果谈成了，意向金就可以转成定金交到业主手上。根据笔者驱车往返100公里白跑一趟的经验，建议协议规定，如果买家没有提前通知取消谈判，让人白跑一趟的话，需要扣除一定车马费，再返还剩余意向金。

在遇到多组买家有意向的时候，筛选真正有意向的买家收取意向金就比较重要了。大家一定遇到过这种情况：本来你的房子一直处于带看状态，没人出价，突然有一天有人有意向出价上桌了，这时往往有别的房产中介，甚至不止一家，打电话跟你说有买家看中了，想谈一下。这个时候你是不是心花怒放，以为房子成香饽饽了？要记住，这时一定要冷静，切忌产生房子变得抢手的错觉，因为这有可能是别的房产中介损人不利己的撬边行为。一定要先收取意向金再上桌，谁先出钱就先跟谁谈。

如何收取买家的意向金是房产中介的活儿，他们有相关的话术培训，会向买家说明付意向金的好处。作为业主，别忘了提出这个要求就行了，如果你不想白跑一趟的话。

28 VR 大法：不想花钱改造怎么办

一般人卖房遇到困难，能做的就是降价，认为只要便宜就一定能卖掉。当你问房产中介怎样才能把房子卖掉时，房产中介的回复往往是：没有卖不掉的房子，只有卖不掉的价格。所以，普通人为了能把房子卖掉，往往将价格一降再降。但是，在全国各地有大量挂牌房源的当下，哪怕是在一线城市，房子降了价似乎也卖不出去了。我们在调研过程中发现，随便一套诚意出售的挂牌房源，但凡在市场上挂牌一段时间，都已经降价三五次了。

其实，专业人士并不会通过一味降价卖房。专业人士卖一套房子需要经过产品定位、产品研发、市场推广、销售谈判等全流程。只要产品定位精准，价格基本不需要在谈判前变动。专业人士在实际卖房操作中需要具体考虑产品、渠道、策略，这三个方面在房屋售卖中所占的比例不尽相同，其中产品占七成，渠道占两成，策略占一成。所以我们最看中产品的优劣，如果产品不好，渠道和策略做得再好都不好卖。

在实际操作中，不是每一次都有机会将房屋提升至完美状态。定位做好了，房屋打造却因为各种原因跟不上。

1. 主客观原因

（1）带租约卖房，租客不配合看房。

确实有非常强势的租客不配合看房，尽管有时候可以通过带看同户型、跟租客深度沟通、给单次看房红包来解决，但是这种不便还是会增加卖房难度、影响卖房速度。我们曾经帮某房圈大神Q老师卖过房。在那个案例里，我们就碰到了一个难点，那套房子根本带看不了，所以也卖不掉。在我们接手以前，这个租客已经被别的管家公司"玩坏了"，所以租客超级抵触带看，根本敲不开门。

（2）家人住在里面，不同意改造。

卖房对每个家庭来说都是大事，意见不同也非常常见。哪怕家人一致同意出售，出售前花费金钱改造也不是每个家人都能接受的。特别是只有一套房的置换业主，做改造还要搬出去租房，又是一大笔开销，所以如果没有其他房子过渡的话，自住业主很难做大改造。

（3）因为预算或时间原因不能做实际改造。

户型有缺陷是非常严重的问题，房子的竞争力会受到严重影响。一般遇到有缺陷的户型，我们是建议重新改造的。改造可以提高售价和加快售卖速度，因此改造投入还是非常有价值的。当然，总价越高的房子改造的性价比越高。但是，在房子出售前花大钱去做大的改造，很多业主会担心不能卖出溢价，反而亏掉装修的钱。没有精通租售溢价改造的专业团队帮忙，多数业主是不具备这种技术能力的。还有些业主是急售，根本等不及花费数月慢慢改造，所以也不能做大的改造。

针对上述情况，最常见的解决方案就是运用VR大法。所谓

VR 大法，就是专门为本房量身定制 VR 视频及相应的改造方案，在买家看房的过程中，通过虚拟 VR 视频呈现改造效果，以弥补本房户型缺陷或者不能看房的不足。做 VR 视频的花费跟做全面改造的花费比起来要少得多。比如，房圈大神 Q 老师的房子看房不方便且已有的改造并不理想，我们就通过展现 VR 视频给买家来售卖房子。另一案例上海市宝山三村则是更为典型的弥补户型缺陷的 VR 大法案例。

2.案例：上海市宝山三村

这是一套位于上海市宝山淞宝地区的步梯顶楼。众所周知，步梯顶楼是非常难卖的，而这套房子不仅有步梯顶楼这一个缺陷，地段和户型也让人头疼。淞宝地区是宝山钢铁所在地，位于外环线以外，黄浦江与长江交汇处，与崇明岛隔江相望，离上海市区非常远，从地段上讲非常不利，能接受这个地段的买家非常少。除此之外，这个房子内部是 62.59 平方米的大一房户型，周边大量的房子都是 40 平方米的一房和 50~60 平方米的两房，这个面积段（60 平方米以上）的大一房户型接受度非常低。地段、楼层、户型三个缺陷导致专门学过房屋改造出售的业主自己卖了 3 个月，竟然没有一组带看。

上海市宝山三村房子的内部 VR 效果图

上海市宝山三村房子的内部 VR 效果图（续）

  我们希望尽可能弥补本房的缺陷，但地段和楼层已成定局，只能针对户型缺陷做文章。业主着急置换新房，没有时间对本房进行户型改造，因此我们采用了"洗脸大法"和"VR 大法"。在为房子洗脸恢复完美屋况的同时，设计师为本房设计了改造方案，制作了平面图和 VR 视频。我们在虚拟现实中将本房改造成了两房，买家可以通过 VR 视频看到改造后的效果，并且后期如果买家需要，可以直接一比一还原成现实。在宣传的时候，VR 视频的视觉冲击让房产中介和买家都耳目一新。我们在宣传这套房子时，将 VR 视频嵌入渠道推广的材料里。2023 年 3 月 2 日开始挂牌售卖，4 月 1 日就签订了合同。此时，两套低总价四楼同户型房子还在等待着买家的出现，不得不说 VR 大法起到了非常重要的作用。

3. 注意事项

（1）VR 视频最大的作用就是弥补户型的缺陷，制作虚拟改造方案并呈现给买家，因此房子的承重结构一定要搞明白。比如，在为房圈大神 Q 老师的房子制作 VR 视频时，为了拿到准确的户型结构图，我们对同户型邻居、物业公司、市档案馆等都有拜访。

（2）注意知识产权保护，为防止同户型邻居为己所用，可在视频内部打上标记。本案例我们将 VR 视频做成一封销售信，发表在公众号上，这样可以防止盗用。

（3）为了区别于房产中介官网上 AI 生成的千篇一律的 VR 视频，我们制作的 VR 视频应精心手工打造，有正规的平面设计和软装设计，具备更高的审美能力并且更有针对性地解决问题。在宣传时，一定要强调对户型的改造。

（4）VR 视频展现的房间配置一律用高配。比如老破小一般不装中央空调，但在 VR 视频中就可以用中央空调。冰箱、洗衣机等大家电可以展现奢华品牌，反正不是真正花钱买，就一律往高端豪华上去搞。

（5）强调买家买下房子后，如果愿意支付一定设计费用，可以提供全套设计方案，一比一还原 VR 视频呈现场景。如果买家对此感兴趣，我们可以将其作为谈判的筹码。

参考资料

一个月卖掉远郊步梯顶楼 60 平大一房

上海宝山三村结案报告

29 挂画大法：低配版 VR 大法

采用洗脸大法或归零大法改造后的房子，带看时场景可能略显单调乏味。前面提到的 VR 大法，如果 VR 全景效果图做得比较到位，也要花费几千元。本文介绍一种"挂画大法"，可以将费用降级，只要花 200 多元，那就是给房间配上挂画，可谓一种低配版的 VR 大法。

下图是一套采用归零大法改造后的毛坯房，配上挂画后的效果。

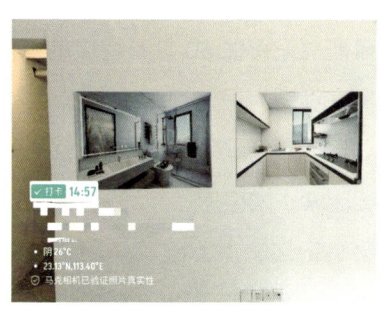

毛坯房挂画后效果

下图是一套采用洗脸大法改造后的简装房，配上挂画的效果。

洗脸大法的简装房挂画后的效果

读者一定会问,在空房里面挂画有用吗?

从产品打造的角度看,空房挂画确实没有提升任何东西,但从策略的角度看,空房挂画有以下两个好处。

其一,带看时可以让客户畅想未来的生活场景。采用归零大法或洗脸大法改造过的房子,买家买下来之后多半还要重新装修。我们可以在房间里挂上未来装修好的场景画面,鼓励买家畅想未来的生活场景。

其二,占领房产经纪人心智。每一个房产经纪人的大脑带宽是有限的。假如一个房产经纪人工作的区域有500套二手房出售,他可能只记得住50套有特点的房子,重点推的可能只有10套房子。房产经纪人记忆房源的最重要因素其实是房子在他脑海中的画面。如果房产经纪人没有实地查看过房子,房源链接的首图是记忆的首要因素;如果房产经纪人实地看过房子,那么房子给其的第一印象会是记忆的首要因素。我们在空房间中挂画,可以形成一个记忆点,让房产经纪人一下子就能想起这套房子。

挂画大法的操作方法和注意事项如下。

(1)挂画应选取与出售房屋面积和户型接近的装修实景竣工图片。例如,如果出售的房子是大平层,就不要选90平方米小三房的图片。

（2）为每个房间选取的图片应尽量接近实际场景。例如，如果客厅是横厅，就不要选取竖厅的图片。

（3）尽量选取有设计感的高颜值图片。大家尽量提升一下自己的审美情趣，不要选取一些比较俗气的图片。

（4）需要选取高精度图片。因为挂画需要大幅面打印出来，精度太低的话，打印效果不好。

（5）挂画材质建议使用KT板，普通的广告文印店就可以制作。一般一幅几十元，一套房子200多元就可以搞定。

（6）画面尺寸宁大勿小，不要小气得像挂豆腐干。

（7）KT板挂画可以用双面胶或3M挂画魔术贴粘在墙上。KT板挂画很轻，不需要打钉子固定。

本文作为示例的两个案例都是广深地区的案例，目前广深地区采用归零大法改造房子的专业人士都开始挂画了。广深地区在售前美化这一块一直引领风气，大家与时俱进吧。

30 电梯大法：步梯顶楼的终极解决方案

步梯顶楼的房子难卖已成为共识。笔者买的人生第一套房也是步梯顶楼的房子，当时笔者还年轻，体力好，觉得价格便宜，爬楼就无所谓了。后来换房搬走之后房子就一直出租，到现在才出售。可以说，无论是在出租还是出售的过程中，都可以感受到步梯顶楼在市场上深受鄙视。

很多地方旧房加装电梯工作的推进，为步梯顶楼出售这个老大难问题提供了终极解决方案。现在更有某些精于推进加装电梯工作的高手，开始特意投资加装电梯可能性高的小区的步梯高楼层房子。他们在买入房子之后变成业主，然后牵头组织加装电梯工作，成功加装电梯后，再出售获利。

虽然现在政府已经不要求楼道住户100%同意，但是争取大多数住户同意加装电梯也不是一件容易的事。本文尝试对老旧步梯房加装电梯的方法做一些粗浅的阐述，希望能帮助到大家。

1. 明确各类人对加装电梯的态度

我国在1998年开始房改，我们所说的步梯老破楼，大部分都是单位分的房子，通常位于老市区核心地段。从1998年开始，这样的房子逐渐转为产权房。住在老破小区的那些业主，当初可都是意气风发的人，在能分到房的好单位里上班，如今已经过去20多年了，他们现在是什么样的人呢？

这些人可分为四类：第一类是60到70岁的老年人；第二类是40到50岁的中年人；第三类是年轻人或投资客；第四类是租客或业主空关，自己不住但也没出租。

当我们发起加装电梯的提议时，高楼层的人大部分是愿意的，低楼层的人大概率是不愿意的，这是个普遍趋势。上述的第四类空关的业主，连租金都懒得赚，所以一般都不差钱，通常会愿意加装电梯。第三类是年轻人和投资客，年轻人一般更追求生活品质，也不差那些钱，投资客的目的是使房子增值，通常也是愿意的。第一类的老年人，因腿脚不便，如果住在中高层楼，加装电梯的需求更强烈。老年人通常有一些积蓄，他们的子女也可以帮衬一点。显然他们的子女也许早就不住在这里了，但是这个房子将来是要留给子女的，如果变成电梯房，对将来售卖大有裨益。

综上所述，第二类的中年人是最难同意加装电梯的一类人。中年人也分为两类，一类是和父母同住，或者是继承了父母老房子的房二代。他们的心态有些微妙，经济上也可能不宽裕。另一类是住在高楼层的中年人，他们当年分到房时很年轻，凭资历大都只能分到高楼层。这么多年过去了，他们仍然蜗居在这种步梯老房子里，没有能力购买电梯商品房搬离，所以经济状况通常不尽如人意。

怎么样能快速分辨出这一类人呢？其实加装电梯的决策也很简单，就是装与不装，装就签字掏钱，不装就签不同意。但是这类中年人一般都不会直说不同意，他们会含糊回答，然后一直拖着，拖到让其他人很难受的境地。遇到这种中年人一定要小心，哪怕他们嘴上答应，也有可能最终不同意。

2. 组建电梯加装工作小组

在老旧步梯小区加装电梯这个事情，虽然现在政府在推进，但是如果住户自己不主动推进，政府也不会主动推进。装电梯这种事一定不能在业主大群里面讨论，因为大群里面人多嘴杂，鸡毛蒜皮的事很多，话题容易跑偏。简单的做法就是需要签字的时候找人签字，需要碰头讨论问题时大家直接面对面开会讨论，这样可以在统一时间里解决问题。这就需要先组建一个工作小组，其中有几点注意事项。

（1）不要站到台前，要做幕后推动者。

如果你早就不住在这个小区了，跑到台前就不太合适。因为很多邻居可能都不认识你了，而你家里面还住着租客什么的。这个时候，你一定不要跟邻居说你要卖房子。你就说因为小孩要读书，这边上学方便，等出租结束以后会搬回来住。你可以组织张罗这个工作小组，但是工作小组成立以后，领头人最好让贤给住在这里的邻居。如果你不住在这里，最好退居二线。

（2）避开中年人见不得人好的心态。

和这类中年人打交道时，最重要的就是让对方觉得你不如他，或者你的条件和他差不多，这样才有可能有共同话题。所以你去跟邻居交流的时候一定要示弱，衣着穿戴尽量朴素接地气，不要显出大富大贵的样子。你找的组员也最好是普通人，别表现出混得很好的样子。

（3）小组成员的搭配要得当。

找两到三位叔叔或阿姨（要找比较热心肠的，年纪比较大的，有空闲时间的，最好是曾经为本楼做过公益的），然后请他们作为牵头人，你只在他们背后默默协助，解决问题。小组成员一般是高楼层的中老年住户，男女搭配。年轻人一般工作繁忙，他们就算愿意装电梯，也不愿参加工作小组。

3. 找电梯公司

因为在推进工作中一定会有邻居问各种加装电梯的技术、经济问题，所以我们要提前找到电梯公司，让专业人员来解答这些问题。找电梯公司有以下几种方法：在附近已加装好电梯的大楼里，找到电梯公司的联系方式；找居委会问到能在小区装电梯的公司的联系方式；留意小区附近加装电梯的小广告或上网查询。至少找 3 家公司，请他们自行实地去看一下大楼的情况，出方案报价，然后对这些方案做比较。

注意事项：通过小广告或在网上找的电梯公司不如已在小区落地的公司。实测时让电梯公司的人独自测量就好，以免邻居看到你带人去误会有什么利益关联，接下来不好开展工作。如果电梯公司的人问你是几楼几号，你只需说是高层住户就好。如果电梯公司业务员明示或暗示有关回扣的问题，建议你什么也不要说，以微笑回应即可。

4. 找盟友，找堵点，找排堵帮手

盟友就是同意的人，堵点就是不同意的人。找排堵帮手是指，排堵这件事我们不能单打独斗，一定要发动群众参与进来，尤其是要找到那些与堵点邻居关系较好的邻居做排堵帮手。

方法：先画一张图，写上房间号，然后在周六或者周日晚上 8 点左右，由顶楼开始，自上而下拿着加装电梯意向表去找大家了解加装电梯的意愿。在这个过程中,要解答对加装电梯有疑问的邻居的问题,对比装电梯方案的优劣、需要的费用、如何分摊等。针对不同意的业主,分析并找出原因,集思广益寻求解决方案。对于不在此楼居住又没有联系方式的业主,可以直接找物业拿联系方式,还可以找周边的房产中介拿业主电话,只要业主出租过房子,在房产中介都能找到联系方式。

5. 排堵方法

经过第一轮扫楼后,我们就知道谁是堵点,是什么原因导致其不愿意加装电梯了。然后我们进行第二轮扫楼签字,同意的人都签完字后,我们就要解决堵点的问题了,大概用两到三周时间让工作小组的叔叔阿姨有针对性地去做这些人的工作。

当我们去堵点家庭的时候,关键是了解其经济情况,哪位说了算,还有家人好不好相处等。堵点家庭大部分都是有经济问题的,如果想要解决,可能要在经济利益方面做一些让步。还有一些怎么说都不愿意签字的人。我们分析认为,这些人实际上是认知比较局限的人,后续的工作就是要改变其认知。低楼层的人会认为,其原来房子价值比高楼层的高,现在装了电梯,低楼层就贬值了。这种心态就是之前说过的中年人心态:我好不好不重要,你一定不能好。和他们沟通,首先就是要让他们知道,我们只是为人子女,想要解决老人在高层出行的问题。

采用以下几种方法可以改变他们的认知。

(1)中介法。找几位熟悉的房产中介去沟通,因为房产中介对业主心态的把握会比较好。先要改变其思维方式:不用管别人好不好,先想想装了电梯对自己有没有好处。其实装了电梯是有利的,房子会增值。房产中介是第三方,也是专业买卖和租赁房子的人,让他们和业主说更能让业主信服:"现在我们是步梯楼,将来就是电梯楼了,你知道电梯楼比步梯楼贵多少钱吗?"整栋楼房的价值都会因为有了电梯比原来提高很多的。

(2)亲情法。中国人讲究为人子女要孝顺,有了电梯后,父母、岳父母过来小住,照顾起来也方便得多。要把这些好处让叔叔阿姨们用各种方法传导到业主心中去,目的只有一个,让他们知道加装电梯对他们只有好处。

(3)请物业管理员帮忙。物业管理员的职责之一就是协调邻里的关系,物业也是天天跟这些业主打交道的,他们的说服能力是非常强的。另外,他们也属于第三方,让他们来帮忙说话能起到很大的作用。

(4)请居委会协调。居委会其实比物业作用更大,因为他们有一些权力,请他们来协调一下,也能起到很大的作用。

(5)邻居法。同住了多年的老邻居基本上都知根知底,都会有些交情。加装电梯关系到所有住户的共同利益,找老邻居帮忙去做说服工作也是有用的。

(6)租客法。有的业主因为自己不在这边住,要出钱加装电梯就不太乐意,但他们是要出租房子赚租金的,所以这时候可以让房产中介去找业主沟通,说有租客提出如果有电梯多加点钱也愿意租。换不同的房产中介多打几个电话给业主,帮业主算算账,让业主清楚装了电梯就能多收房租,说到底是租客出钱帮业主装电梯的,从而改变业主心态,争取其同意。

(7)求助于步梯楼加装电梯办公室。每个城市都会有一个步梯楼加装电梯办公室,可以咨询各自城市相应社区的加装电梯办公室，寻求其帮助。加装电梯是每个城市老小区的实际需求，这是在做一件对大家都有好处的事情。

（8）答疑解惑，解决诉求。在加装电梯的过程中，我们还会遇到各种各样的问题，比如垃圾桶气味、反水、电梯噪声、采光不足、楼层沉降、安全问题等。有一个案例，垃圾桶离一楼比较近，气味对一楼住户有影响，于是我们花钱把垃圾桶移到了远一点的地方，解决了一楼的问题，结果他就欣然同意加装电梯了。

做完这些事后，大部分人的思想工作也基本做好了，如果还有人不同意，可以试试走访他家人的方法，总有解决办法的。其实反对的人并不一定是真正反对加装电梯，他们可能是想借着这个事情发挥一下，或者解决一些其他问题。

6. 排堵心法

做这件事情的起心动念很重要，即加装电梯是为了自己，还是要帮助楼里的人。加装电梯能解决高楼层出行问题，而低楼层的其他问题也要解决。只有实实在在地帮他们解决问题，才能得到他们的认同。心法远比技法重要！加装电梯签名的周期，从一个多月到一年都有可能，有些就会半途而废，若知道正确的心法和技法，最快一个多月就能搞定。

7. 电梯入户的类型

电梯半梯入户。就是电梯停在楼梯的半层中间，回家要往上或者往下走半层楼。

电梯平层入户。就是电梯停在入户大门的同层，可以直接进家门。电梯平层入户比半层入户要方便，加装之后房价也会相对高一点。要尽量装平层入户的电梯，当然，也要看大楼的具体安装条件。

8. 政府补贴

政府一般会对加装电梯进行补贴，比如笔者上海市的房子所在区域，政府补贴 30 万元，每个城市不同的行政区可能不一样。有些地方可以用个人住房公积金来支付加装电梯个人出资的部分。有些地方政府会有指导意见，比如步梯六层楼，出钱比例就是六楼 40%、五楼 30%、四楼 20%、三楼 10%，二楼不用出钱，一楼除了不用出钱外还能获得政府补贴，每个地区可能都不一样。一般来说，关于出钱和补贴的方案可以通过谈判协商来确定。

以上就是电梯大法的粗浅阐述，由于各地情况、政策和民情各不相同，请读者酌情参考使用。步梯顶楼不好卖，你是认怂还是迎难而上呢？

31 市调大法：如何做卖房市场调研

我们应该怎样在房屋售卖之前进行市场调研呢？很多业主在房子要挂牌的时候，市场调研和定价是比较随意的，只在网上做一下市调，看一下线上的挂牌成交数据，然后根据房产中介的建议就定了挂牌价。

一般来说，本地房产中介对于房子的大致定价还是比较有经验的，尤其是有经验的门店经理。他们看的房子多，基本上会根据房子的面积、楼层、户型、朝向、装修程度等信息，给出一个大概的建议价格。

为什么我们不建议直接用这个价格呢？因为房产中介既不是买方也不是卖方，他们的工作是居间撮合成交，所以他们就像没有感情的打分机器，将每一个放在市场中的房子，根据大众化的标准来衡量价值，降低业主的预期，拉抬买家的预期。如果你先以买家的身份去跟房产中介聊天，再以业主的身份去跟房产中介聊天，就会发现两种情况下房产中介的话术是不一样的。

俗话说，没有卖不出去的房子，只有卖不出去的价格。但是房子价格低就一定能快速出售吗？事实上，我们在卖房过程中会发现，二手房的成交因素是复杂的，挂牌价最低的房子未必先成交。所以，二手房出售时需要详尽的市场调研。市场调研分为线上市场调研和线下市场调研，下面我们分别阐述。

1. 线上市场调研

（1）线上市场调研的工具。

首先推荐几个专业的数据和信息平台。

冰山大数找房。这是一个收费的公众号，也有相应的网站、App 和小程序。通过冰山大数找房，可以查询某一小区精确到天的成交数量和平均单价，也可以查询到其过去数年的成交记录、挂牌价与成交价的价差，以及区域性热门小区排名等。

中原地产研究院。中原地产创始于香港，业务类型涉及房地产市场研究与分析、房地产前期顾问、房产中介等，有独立的房产市场观察和评估体系。该研究院每年会公布行业的调查报告，可以在其报告中抓取需要的数据。

贝壳链家网。贝壳链家网作为国内最大的二手房交易平台，大概囊括了市面上 70% 的房源以及带看数据信息，比较客观准确，对于区域的活跃度和成交结果有一定的参考价值。由于贝壳链家网的挂牌价格较准确，多数人已经习惯以其挂牌价格为标准。某些网站的挂牌价格则是自己定的，不征询业主意见就胡乱改价，或者以超低挂牌价来引流，所以没有参考意义。除了贝壳链家网，还有房天下、七鱼等平台可以参考，以获得更全面的市场信息。

兔博士。兔博士是一款手机 App，它的主要优点是可以付费查询成交数据。由于贝壳链家网不展示某些热点城市的成交记录，因而兔博士可以弥补缺憾。兔博士的数据来源于交易中心，交易中心的价格一般是做低避税的，兔博士通过自己的算法还原真实成交价格，相关数据已经覆盖国内 40 个房产热门城市和 11 个华人关注的海外房产热门城市。

政府相关网站。有一些政府相关网站上有二手房成交数据。比如上海的www.fangdi.com.cn可查询到每日二手房和一手房的成交数量。有一些房产自媒体专门跟踪这些数据，每日更新，每月汇总。

（2）了解市场行情趋势。

我们要从宏观、中观和微观角度了解当前房地产市场的行情趋势。宏观角度：所在城市的市场行情处于上涨、横盘还是下跌趋势。中观角度：房子所处板块的市场行情处于上涨、横盘还是下跌趋势。微观角度：房子所在小区的市场行情处于上涨、横盘还是下跌趋势。卖房讲究天时地利人和，其中天时是最重要的，房子的定价策略是保守还是激进取决于市场大势。

（3）了解政策因素。

入户、贷款、购房等政策的发布和松紧调整，会影响市场信心和成交热情。我们需要了解本地的限购限售政策、二手房税费政策、普通住宅标准等。业主看的是到手价，买家算的则是包含税费的全额付出。同样价格和面积的房子，如果满五唯一，税费低就显然有优势了。

（4）了解小区的房产交易热度。

了解房子所在小区是交易量庞大的大型小区，还是交易稀少的冷门小区。交易量庞大的小区，由于买卖双方充分博弈，价格泡沫较少，容易得出市场公允价格。交易稀少的冷门小区，没有市场公允价格，成交价格具有偶然性，弹性较大。贝壳链家网上可以查询到小区的在售房源数、近90天成交套数、近30天带看次数，这些数据可以反映小区近期的房产交易热度。

（5）确定房子户型是否是小区主流户型。

错配的户型通常也卖不上好价格。比如在以刚需小面积户型为主的小区，你的房子是顶楼复式大户型，大户型总价高，有这个购买力的买家会嫌弃刚需小区品质差，这样你的目标买家就会稀少。在以大面积户型为主的高档小区里，刚需小户型也是错配，很多房产中介可能都不知道这个小区还有小户型，所以低预算买家都被带到以刚需小户型为主的小区去了，这样的房子可能无人问津。

一个小区里面的非主流户型数量稀少，成交量也稀少，没有市场公允价格。如果你的房子是非主流特殊户型，比如超大面积，或者顶楼复式等，放在全市来看都是相对需求量不那么大的，市场上需要它的买家比较少，因此成交周期会比一般房子长。在这种情况下，抓住第一个诚意出价的买家尤为重要，若错过第一个诚意出价买家，可能等半年或一年才会有第二个。

（6）季节性因素。

通常说的"金九银十"和"小阳春"，都是成交活跃的时间段。观察房子所在的板块和小区的历史成交记录，看看成交量是否受季节性因素影响。通常新房上线的前三个月是成交的黄金时间，要尽量在成交旺季挂牌，不要在淡季挂牌。

（7）挂牌价 VS 成交价。

挂牌价是小区房源当前的挂牌价格，通过挂牌价格趋势、挂牌房源数量、带看量、挂牌时间、转化时间，可大致掌握当前的销售趋势。成交价是小区房源过往历史价格，代表了买卖双方以往通过博弈确定的价格水平，成交活跃板块成交价的参考价值较高。

收集与自己房子户型、面积接近的房子的挂牌价和成交价是最基础的功课。一般而言，成交价会略低于挂牌价，但是在市场出现踩踏行情的时候，有可能会出现挂牌价普遍低于成交价的情况，这时成交价就失去了参考意义。

在成交稀少的冷门小区，或者在成交活跃小区的非主流户型，若同户型成交记录是两年以前的，参考意义不大。需要参考周边成交活跃小区的成交价格，也许你房子的竞品不在本小区，而在别的小区。我们在做宁波某楼盘的代售提案时观察到本楼盘近一年无成交，带看也非常少，所有在售房源的挂牌价仍然对标一年前的成交价。我们发现隔壁成交活跃的楼盘的成交价一年内已经下跌了15%，所以本楼盘显得非常没有性价比，这时如果想出售的话，必须跟紧周边楼盘的价格趋势。

（8）同小区挂牌竞品筛选。

找到和你房子对标的竞品是非常重要的，需要在线上筛选这样的竞品，然后在线下调研时有的放矢地去实地踩盘，这样能大大提高线下踩盘的效率。

同小区的挂牌竞品无疑是最直接的竞品，在这些竞品中，首先要筛选户型、面积与你的房子接近的竞品，其次要排除无效挂牌竞品。什么叫无效挂牌竞品？就是近期没有热度、没有带看量的竞品。挂牌时间很长、近期无带看或带看少的房子，一般是价格挂得太高，或者有严重硬伤，比如临街比较吵、有租客住带看不方便等。

排除无效挂牌竞品之后，我们要观察以下三类竞品。

"拦路虎"：无特别硬伤，就是挂牌价格比较低，也许业主急售。这类竞品往往决定了你房子价格的下限。如果你的房子不能在颜值或其他硬件条件上胜出较多的话，可能得等这些"拦路虎"先走。即使你要降价，也要在这些"拦路虎"出清的空当降价。

"天花板"：各方面条件都比较好的"美女房"，装修好，颜值高，人见人爱，除了价格贵，其他没毛病。这类房子挂牌价虽然较高，但是带看量也不少。如果你的房子做了专业的全面改造，可以对标此类竞品，这类竞品代表着价格的天花板。

"贴身肉搏者"：各方面条件与你房子都很接近的竞品，比如你家对门的邻居或楼下的邻居，绝对是与你面对面厮杀的竞争对手。在某些投资客聚集的次新楼盘，这种情况时有发生，但正常情况下对门邻居同时在卖的概率还是比较低的。

（9）不同小区的竞品筛选。

光看同小区的竞品情况是不够的，有时候最有竞争力的竞品不在同小区。本小区成交不活跃的话，就要看附近成交活跃小区的竞品情况。不同小区的竞品筛选有三个维度：同地段、同价格、同功能。

同地段小区的挂牌和成交情况是与你的房子强关联的，但是小区品质各不相同，可能存在小区之间房价的自然差异。一般而言，价格包含一切相关因素，但是确实存在价格水平几乎一样的小区，这时需要综合主客观因素，结合线下调研，实地踩盘确定哪个小区更好。**需要考虑的因素包括交通便利性、商业配套、学区优劣、物业管理、停车便利性、楼龄及外观、公共环境、绿化率、容积率、是否人车分流等。我们可以通过以上因素给小区打分，通过打分将同地段不同小区进行排序。**

同价格指相同的预算能买到什么样的房子。有可能是同价格同户型，也有可能是同价格异户型。比如你房子所在小区90平方米是两房的户型，但在别的小区可能存在90平方米小三房的户型，这时小三房也会成为竞品。

同功能是指选择竞品的小区最好在同一学区。有时候隔一条马路学区就不一样了，隔壁的小区可能在不同的学区。学区属性强，有名校的板块，价格可能高得多，同样的预算下，若是图好学区的话，会去买一个小一点的房子。

2. 线下市场调研

线上市场调研结束后，我们需要在线下实地踩盘筛选竞品。线上调研只能看网站照片，那么，这些竞品是否与我们的想象相符？实际装修品质如何？是否有照片没有反映的瑕疵或硬伤？房子挂牌贵是否有道理？房子挂牌便宜是否有不可告人的硬伤？这些问题都需要线下实地调研。线下调研还可以确定是否漏掉了某些竞品，比如有些竞品在网上没有挂牌。

（1）以什么身份去做线下市场调研。

如果你是业主，请以买家的身份去做线下市场调研。因为要是你跑到房产中介门店说要卖房的话，中介只会让你先挂牌，不会浪费时间带你去看竞品。在做线下调研的时候，你需要准备一个新的手机号与房产中介打交道。

（2）让房产中介自然推荐房源。

虽然在线上市场调研时，你已经筛选了重点竞品房源，但是在做线下调研时，先别让房产中介做"命题作文"，而是给定一个预算范围和面积段，让房产中介推荐本板块的小区和房源。这项工作要找不同门店的房产中介多做几次，你可以从不同房源里面看出哪个小区是优选小区，哪些房源是最有竞争力的房源。

（3）指定房源让房产中介带看。

对照一下线上市场调研筛选的房源，如果房产中介自然推荐房源没有覆盖完全的话，可以指定房源让房产中介带看。问一下房产中介有没有贝壳链家网没有展示的房源，有的话也可以让中介带看。

（4）做好看房记录。

好记性不如烂笔头，看房时一定要随时随地做好记录，记好门牌号。网上挂牌房源看不到具体楼层，实地看房则不仅可以看到具体楼层，还可以看到是边套还是中间套、是否临马路、是否采光良好、外墙或屋顶有无渗水、装修品质如何、是否有特别景观等。大型房产中介公司带看会先打印房型图给你，你可以在房型图上做记录，回家再整理，也可以带一个录音笔或者使用腾讯会议App边看房边录音，记录你对这套房的观感，最后将优缺点总结一下。除了记录，也别忘了拍照或录视频。

（5）询问业主情况。

一套房子除了物理属性，还有业主属性。看房时别忘了向房产中介了解带看房源的业主情况：业主为什么卖房？是否急售？业主的心理底价是多少？我们做线下市场调研的过程也是筛选将来房源维护人的过程，一个金牌房产中介一定会对业主的情况了如指掌。对重点竞品房源，不妨出个价尝试约一下业主上桌，如果约不出来说明业主心理价位与之相比还有较大距离，约得出来说明这个价格差不多了。

（6）询问客户画像。

在带看过程中可以问一下房产中介这个小区的住户情况，了解什么样的人会买这个小区的房子。与其苦思冥想买家画像，不如简单粗暴直接问。不同的房产中介说法可能有所不同，取"最大公约数"就行。

3. 市调大法的心法

从心法上来讲，我们就强调四个字——"客观中立"，但是很多业主自己做市场调研很难客观，容易只看好的数据而忽略自己房子本身的缺陷，难以客观对标竞品。比如，笔者曾经遇到的一个业主不认可客观楼层差价，主观认为2楼的房子比总高8层的7楼房子最多便宜300元/平方米。我们在为业主代售的时候脑袋很清醒，但是在卖自己房子的时候就一头雾水。所以建议业主朋友们，自己如果没有足够的时间和精力，最好让专业人士代劳，以中立客观的角度来做市场调研。

32 定价大法：怎么预估成交价区间和确定挂牌价

房子要卖，如何定价是大问题。普通人是如何定价的呢？每次笔者跟咨询代售服务的业主聊天，都会问他们：房子挂牌没有？挂什么价？这个价格是怎么定出来的？答案五花八门，总结一下，大概有以下几种。

（1）我在网上看到了同小区竞品的挂牌价，我的房子比他们的好，我就挂得比他们稍高一点，或者挂个居中的价格。

（2）我除了看同小区的挂牌价，还看成交价，然后比成交价挂高一点。

（3）我是投资买入的，肯定不能亏本卖。我计算了交易税费和这几年的贷款利息，总成本差不多是这么多，心理价最低就是这个数。

（4）我的挂牌价已经调过好几次了，现在已经最低了，还是没人看，我都不知道该降多少钱。

（5）去年有人出过一个价，当时我房子里面还有租客就没有卖，现在我就要这个价。

在房子挂牌过程中，你一定经常接到房产中介的电话："哥，你的心理价位最低能到多少？我这里有个意向买家，差距不大的话我争取帮你约一下。"接到这样的电话你一定很踌躇，觉得说任何一个数字都不妥当。因为你上次说了一个数，后来接到的出价比这个数又要低很多。

我们来聊一聊普通人卖房怎么定价。首先我们有个国家规范叫《房地产估价规范》（GB/T 50291-2015）。这个规范里面列举了比较法、收益法、成本法、假设开发法等几种估价方法。在这几种方法里，我们普通老百姓主要可以借鉴比较法，其他几种方法基本上是TO B的方法。我们先简单讲下后三种方法在个人房产估价中的运用，最后着重讲一下比较法。

收益法适用于商住公寓类房产，通常这类房产的租金回报率比普通住宅要高。本书估值大法一文里的成都SOHO沸城就是一个运用收益法定价的案例。普通竞品的租金回报率为3%~5%，我们通过改造将租金回报率提高到7.7%，然后通过长租租约证明这个租金回报率是真实存在的，于是顺利将房子卖出去。别的房子便宜但租金最多2000元，租金回报率只有4.5%，我们的房子虽然贵但是租金高达3500元，租金回报率达到了7.7%，还不用花装修费，省心省力。普通住宅目前不太适用收益法定价，因为在一线城市租金回报率只有1%~1.5%，如果按租金回报率4%~5%来定价，房价得腰斩才行。但是在发达国家，比如日本，房子用收益法定价是很普遍的。

成本法可运用在做了全面改造的房子的定价上，需要在毛坯房或简装房成交价的基础上加上装修成本和可能的溢价来定价。买家可以买改造过的房子，所见即所得，拎包入住，但是要贵一点；也可以买一套毛坯房，便宜一点，但是要自己花钱来装修。买家可能对装修不太懂，所以对装修成本的估计可能偏高，这就是我们获得

32 定价大法：怎么预估成交价区间和确定挂牌价

装修溢价的机会。

假设开发法适用于一些比较特殊的房子，比如底楼有大花园，顶楼有大露台，有不会被拆除的历史遗留搭建。我们可以精心打造一下花园或露台，把搭建充分利用起来，把价值发挥到最大。还有一种大面积的房子，我们可以把一套房子拆成两套，或者把复式的房子拆分成楼上楼下两套独立的房子。这样拆分后的两套房卖的比原始状态价格更高。如果你不想花钱做实际的开发，也可以先做一下设计，再做一个 VR，运用 VR 大法把这个概念兜售给买家。

下面重点说比较法，这是普通老百姓最常用的方法。首先要强调的是，只有前期做过全面的市场调研才能得出正确的定价，但大多数人只是做线上调研，并没有实际线下踩盘，所以看到的并不全面。同样户型、面积的竞品，价格参差不齐，价高的为什么高，价低的为什么低，装修的实际品质怎么样等，都需要到竞品房里面去体会。另外，还要和房产中介做深入交流，了解税费以及业主情况等。市场调研的具体方法我们在市调大法一文中有详述，本文不再赘述。

开始比较之前我们需要筛选合适的竞品，建议大家从同地段、同价格、同功能三个维度去筛选：同小区以及邻近小区相同面积同户型的竞品；同样的预算在这一片区域能买到哪些房子；学区属性强的房子，需要将所有同学区的楼盘纳入考虑。

所有的竞品都要是有一定带看热度的房子，如果房子价格高但是 30 天内没有带看，那就是无效竞品。如果房子价格低也没有带看，就要分析是否有硬伤，比如外墙渗水或者有租客带看不方便。这种低价但是有问题的房子也可以从竞品中剔除。竞品筛选好之后，需要从成交价、挂牌价、其他参考价三个维度推导我们自己房子的定价，并及时修正定价。

1. 成交价

成交价代表的是历史，是买卖双方通过博弈确定的价格水平，在成交活跃的小区比较有参考价值。我们可以用近期的成交价格推导我们房子的预期成交价格。对于某些近期成交稀少或者近两年没有成交的冷门小区的房子，需要参考周边有成交记录的小区。对于非主流房型的价格，可以参考同小区主流房型成交价的涨跌幅来推导，比如某特殊房型只有两年前一个成交记录，同小区主流房型近两年价格已经跌了10%，那么这个特殊房型的价格至少也要跟着跌10%。

这里举一个极端例子。我们重庆的一个商住楼案例，在做调研时发现整栋楼近两年来一套成交都没有，所有挂牌的房子价格对标的都是两年前的成交记录。在这种情况下，我们就扩大范围调研了周边5公里内的商住楼盘，发现成交活跃的商住楼盘两年来价格已经下跌了10%~15%，而本商住楼的业主对标的还是两年前的价格，难怪没有成交。要注意一点，某些价格快速下跌的小区，如果挂牌价已经普遍低于过往成交价，那就不用参考成交价了。

我们还可以选取一些典型成交案例，以便了解成交房子的详情。如下面两图，上图显示了成交价格较低且销售周期较短的案例，代表着价格的下限；下图显示了装修很好、成交价格较高、销售周期很长的案例，代表着价格上限。

32 定价大法：怎么预估成交价区间和确定挂牌价

本小区成交房源分析1

户型
2室1厅1卫
产证面积
77.23平
楼层
4/7层
价格情况（挂牌价：550万）
成交价：532万元，单价：68886元/平
成交时间
2023年4月21日，成交周期40天

南北通透，装修一般，挂牌价符合市场，成交周期较短

669弄1-109

成交价格下限的房源示例

本小区成交房源分析2

户型
2室2厅1卫
产证面积
80.29平
楼层
中/7层
价格情况（挂牌价：615万）
成交价：595万元，单价：74107元/平
成交时间
2023年3月4日，成交周期221天

南北通透，无硬伤，最赞户型
全屋中央空调、地暖，
钓鱼逻辑，首次挂牌635万元，致
使成交周期过长

626弄

成交价格上限的房源示例

通过以上总结，我们就可以从成交价维度得出一个定价。

2. 挂牌价

挂牌价是当前可售房源的价格，通过挂牌价格趋势、挂牌房源数量、带看量、挂牌时间、销售周期等，可以掌握当前的销售趋势和竞争势态。

245

本小区挂牌房源

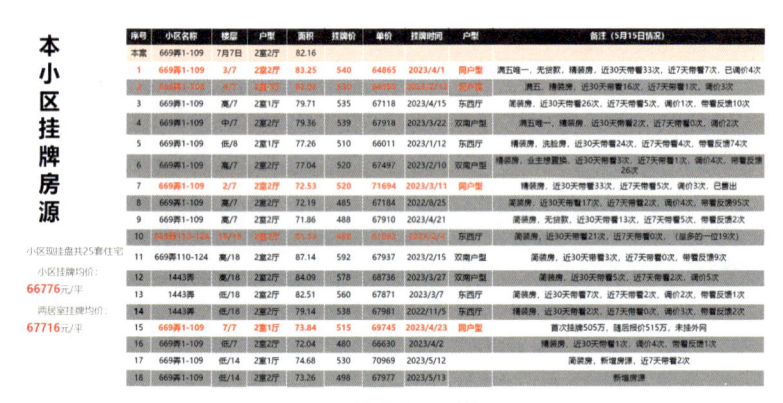

序号	小区名称	楼层	户型	面积	挂牌价	单价	挂牌时间	户型	备注（5月15日情况）
本案	669弄1-109	7月7日	2室2厅	82.16					
1	669弄1-109	3/7	2室2厅	83.25	540	64865	2023/4/1	同户型	满五唯一、无贷款，精装房，近30天带看33次，近7天带看7次，已调价4次
2	669弄1-109	8/7	2室双	82.08	550	64193	2023/2/18	整户型	精装房，近30天带看16次，近7天带看0次，调价1次
3	669弄1-109	高/7	2室1厅	79.71	535	67118	2023/4/15	东西厅	简装房，近30天带看26次，近7天带看5次，调价1次，中介带看反馈10次
4	669弄1-109	中/7	2室2厅	79.36	539	67918	2023/3/22	双商户型	满五唯一，精装房，近30天带看0次，近7天带看0次，调价2次
5	669弄1-109	低/8	2室1厅	82.56	546	66011	2023/1/12	东西厅	精装房，洗脸房，近30天带看24次，近7天带看4次，中介带看反馈74次
6	669弄1-109	高/7	2室2厅	77.04	520	67497	2023/2/10	双商户型	精装房，业主想换房，近30天带看26次，近7天带看1次，带看反馈26次
7	669弄1-109	2/7	2室2厅	72.53	520	71694	2023/3/11	同户型	精装房，近30天带看33次，近7天带看5次，调价1次，房东急售
8	669弄1-109	高/7	2室2厅	72.19	489	67738	2023/3/25		简装房，近30天带看17次，近7天带看0次，调价1次，带看反馈95次
9	669弄1-109	高/7	2室2厅	71.86	488	67910	2023/4/21		简装房，无贷款，近30天带看13次，近7天带看5次，调价1次
10	669弄110-124	15/5	2室双	81.11	540	67081	2023/2/15	东西厅	简装房，近30天带看21次，近7天带看0次，（业务的一位19次）
11									
12	1443号	高/18	2室2厅	84.09	578	68736	2023/3/27	双商户型	简装房，近30天带看0次，近7天带看5次，调价1次，带看反馈9次
13	1443号	低/18	2室2厅	82.51	560	67871	2023/3/7	东户型	简装房，近30天带看0次，近7天带看4次，调价2次，带看反馈1次
14	1443号	高/18	2室2厅	72.19	485	67181	2022/11/5	东户型	简装房，近30天带看0次，调价1次，卖挂并列
15	669弄1-109	7/7	2室1厅	73.84	515	69745	2023/4/23	同户型	首次挂牌505万，随后报价515万，非挂外间
16	669弄1-109	低/14	2室2厅	72.04	480	66630	2023/4/2		精装房，近30天带看7次，调价4次，带看反馈1次
17	669弄1-109	低/14	2室1厅	74.68	530	70969	2023/5/12		简装房，新增房源，近7天带看2次
18	669弄1-109	低/14	2室2厅	73.26	498	67977	2023/5/13		新增房源

小区现挂盘共25套住宅

小区挂牌均价：
66776元/平

两居室挂牌均价：
67716元/平

小区挂牌房源示例

我们要挑选典型的挂牌竞品做分析，比如前面提到的天花板、拦路虎和贴身肉搏者。下图显示的是一套"贴身肉搏"的竞品，除楼层较低外，其他方面与我们的房子相当。

本小区挂牌房源分析1（同面积段）

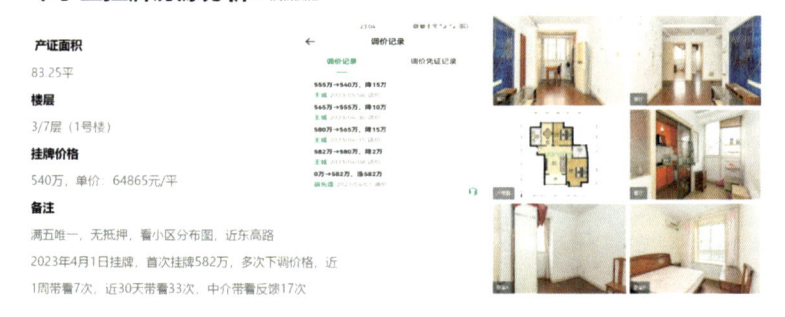

产证面积
83.25平

楼层
3/7层（1号楼）

挂牌价格
540万，单价：64865元/平

备注
满五唯一，无抵押，看小区分布图，近东高路
2023年4月1日挂牌，首次挂牌582万，多次下调价格，近1周带看7次，近30天带看33次，中介带看反馈17次

调价记录
555万→540万，降15万
565万→555万，降10万
580万→565万，降15万
582万→580万，降2万
0万→582万，降582万

669弄1-109号

"贴身肉搏"竞品信息示例

下图显示的是一套"拦路虎"竞品，所幸其在我们调研期间已经成交了。它的带看量很大，销售周期也短，代表着近期的底限价格。

本小区挂牌房源分析2（相近面积段）

产证面积
72.53平

楼层
2/7层

挂牌价
520万，单价：71695元/平

备注
于2022年3月11日挂牌，近一周带看7次，近30天带看33次。
平台已无法查询房源信息，询问已于近期以505万（单价69626元/平）成交。

669弄1-109号

"拦路虎"竞品信息实例

我们还需要向房产中介了解一下这些典型竞品的业主心理底价，最后从挂牌价的维度推导出预期成交价格。

3. 其他参考价

除了成交价和挂牌价，我们还可以参考法拍价、银行评估价、第三方估价网站评估价等。对于成交稀少的冷门小区，法拍价和银行评估价具有参考意义。

参考法拍价时要注意，房子是否是空房对价格影响很大。参考银行评估价时要注意，有些银行评估价的更新是滞后于市场行情的，所以我们要多找几个银行的评估价，综合参考。如果某银行评估价已经显著高于近期挂牌价，说明市场行情下跌，银行评估价更新滞后，这样就不用采信这个数据。

评估价的数据来源多多益善，筛除明显不合理的价格后，我们就可以从评估价维度得出定价。

最后，通过成交价、挂牌价、法拍价和银行评估价等得到的价格还需要修正，因为世面上没有两套完全相同的房子。我们从各种维度摘取的房子跟我们实际要卖的房子可能存在楼层、朝向、户型、景观、采光等差异，需要尽量将这些差异用拆骨法量化。比如，电梯房的次顶楼在理论上是最贵的楼层，而摘取的数据是中低楼层的成交数据或挂牌数据，这样房子的实际价格就要向上修正。但也有例外，在重庆等地的超高住宅楼，最贵的楼层不是次顶楼，而是中间楼层。我们在 2016 年投资过重庆市的房子，当时开发商的销售告诉我们，重庆市的房子中间楼层最贵，往上和往下的楼层都会便宜。所以，楼层差价的修正要根据当地的实际情况来考虑。大家可以收集一些当地楼盘开盘时候的一房一价表，这样可以参考开发商在新盘定价时的楼层差价。当然，在二手房市场，楼层差价不会像开发商定价时那么精细，我们只要大致把握高中低三个区段价差就行。

一房一价表示例

室号	面积（平方米）	单价（元/平方米）	总价（元）
101	110.74	46908.86	5194687.16
102	97.43	46908.86	4570330.23
201	119.34	46463.19	5544917.09
202	88.84	46463.19	4127789.8
301	119.12	46973.31	5595460.69
302	88.96	46973.31	4178745.66
401	118.50	47411.42	5618253.27
402	88.12	47411.42	4177894.33
501	118.50	47885.83	5674470.86
502	88.12	47885.53	4219672.9
601	118.50	48359.65	5730618.53
602	88.12	48359.65	4261452.36
701	118.50	48833.76	5786800.56
702	88.09	48833.76	4301765.92
801	115.79	53252.51	6166108.13
802	88.26	53252.51	4700066.53

上表是上海市某楼盘当年开盘时的一房一价表，这是一个8层楼的电梯房。顶层有露台，属于特殊房型，也是最贵的。正常房型中次顶楼最贵，1楼有花园，2楼最便宜。正常房型中最贵的次顶楼比最便宜的2楼贵了5%。同样是两房的房型，两房朝南的房型就比一南一北的房型受市场欢迎，就要贵一点。采用不同小区竞品数据的时候，要注意到，由于小区地段和品质的差异，存在小区之间的价差，需要修正。

完成以上流程之后，我们会发现从不同维度推导的预期成交价格是不同的，形成了一个区间。用预期成交价区间加本小区平均砍价幅度，就得到了挂牌价区间。大家根据自己是急售还是缓售选择挂牌策略。

房源砍价幅度示例

上图的房源成交价是318万元，成交前的挂牌价是338万元，砍价幅度约为6%。我们需要多统计几套同面积房源的成交记录，得到平均砍价幅度。因为可能这套房子最初挂牌价很高，经过多次调价才降到338万元，最后上桌谈判时以318元万成交。现在自媒体上经常有人渲染二手房不好卖，买家提大刀砍价，实际上成交活跃的小区上桌谈判砍价不会那么离谱。

经常有房产中介打电话问业主底价，我们建议大家不要设定所谓的底价，而是设定成交价区间。如果直接锚定一个底价，可能上桌谈判时就差 2 万元最后没谈拢，第二天反悔回去追买家已经太迟了。

定好价挂牌以后并不是万事大吉了，因为市场是动态变化的，我们还需要根据挂牌竞品的变化情况、带看量以及买家出价情况，适时调整挂牌价。如果近期市场情况不好，不想杀价速售的话可以选择缓售策略，并运用民宿接口大法，以待天时。

以上简要阐述了出售定价的方法，算是抛砖引玉吧。各位读者可以根据自家房子情况选择运用。在实际操作中，定价是一件复杂的事，要花大量时间做线下踩盘、线上数据收集整理，以及跟房产中介做深度沟通等。我们做代售业务时，花 20 个工作日才能完成市场调研和定价提案。提案需要团队开会 3~5 次，反复打磨后才汇报给业主。如果你没有时间和精力做这些事情，可以委托专业的代售团队来操作。

33 干粮大法：上桌谈判如何保持精力旺盛

作为帮助业主卖房的房产代售行业人员（不是经纪人，而是业主的代理人），因工作需要，笔者长期和各类房产持有者保持密切交流。其中，有在多个城市持有多套房产的投资者，也有只在本地有一两套房子的房产持有者。笔者经常听到他们诉说他们的卖房经历，甚至可以说是诉苦。其中80%的吐槽来自谈判的过程，诸如因为价格原因僵持不下、经纪人拉偏架一味向着买家等。有的买家出了意向价格，上桌谈起来又当面反悔，降低自己的出价。还有的因为买家家里搞不清楚谁说了算数，来回折腾业主，多次上桌谈判。总之，什么奇葩的情况都有。这些业主苦不堪言，并且他们总结复盘后，对交易的条件并不满意。面对这些令人心焦的谈判过程，我们唯有做好一切准备才能取得最终的好结果。

据笔者观察，60%的谈判开始时间在工作日的下午7点以后，剩下的在休息日的下午2点以后，基本是工作日购房者下班后或者是休息日。除此之外，还有临时上桌的情况，这种情况基本也是基于上面的两个时间点，先去确认要买的几个房子，再确定自己的第一选择，然后叫经纪人通知业主过来谈。

首先要告诉大家的是，卖房是一个需要体力和脑力的劳动。笔者经手谈判的二手房售卖的案子，不管是看起来好卖还是看起来不好卖，作为业主的代表，笔者都在跟几方博弈，甚至有时是对抗。如何拉住双方的经纪人，以及稳住买家，是一个非常重要的课题。

购买房子对每个家庭都是大事，买家面对众多价格条款和支付条款，难免焦躁。在二手房交易惨淡的买方市场，业主方的处境是非常被动的，就连业主方的经纪人都会帮着买家的经纪人拉偏架。所以，作为业主，首先要学会保持冷静，做好打持久战的准备，这样才有可能把交易条件谈到更有利于自己的程度。经笔者谈判的案子，少则 6 小时，多则十几个小时，都有可能。当然最后的结果是业主满意的。

由于每个案子的情况都不一样，价格拉升的程度也不同。笔者印象最深的一次谈判是，一套总价将近 700 万元的房子，双方谈了 10 个小时（详见文后参考资料），买家只加了 5 万元。遇到这种情况，如果不做好十足的心理准备，心态是绝对会崩的。那么心态好的秘诀，除了多看成交案例，做到对谈判环节心中有数之外，还有一个很重要的部分，就是体力也要跟得上。

大家可以去试一试，就一件事情持续谈判 10 个小时是一种什么体验。至少人会饿，血糖下降还会引发焦躁，头脑思考的速度也渐渐变慢。我们需要提前做好一些准备。

1. 谈判前的一餐

已经约好谈判上桌时间的，要尽量在谈判前的一个小时吃一餐，餐品应该选择优质的蛋白质、丰富的蔬菜、适量的碳水、适量的水果。原则上以平常经常食用的温热餐食为主，不要选择平日里很少吃的东西，尤其应避免可能导致肠胃不适的食品和饮品。同时，水果要少吃，汤要少喝。

最重要的是，一定不要吃很饱，以七八分饱为宜。如果吃很饱，人会犯困，大脑的血流量和供氧量会减少，不仅动作会变慢，人也容易疲倦。

2. 谈判干粮

除了谈判前的一餐，我们还需要带谈判零食，也就是俗称的谈判干粮。虽然房产中介门店会准备一些零食、水果，但还是建议大家提前自己准备足。如果是临时约来谈判，那么零食的准备更是重要。因为谈判的过程可能很长，这种时候更要注意补充能量和体力，以便有耐力挺到最后。

（1）准备零食的原则。

可以提神醒脑、平稳血糖、舒适身体，是经常吃的食物，不过量饮水。首先要解决饥饿的问题。饥饿分为两种，一种是有的人对饥饿非常敏感，也就是我们说的不耐饥。这时，我们需要准备饱腹感强的零食，比如奶酪、牛肉干、猪肉干、全麦饼干或奇亚籽饼干，以及好携带的蔬菜，比如黄瓜等。还有一种是饥饿引发的血糖问题，会导致人焦躁、头晕、四肢乏力等。这时，我们需要准备的零食主要是平稳血糖的，比如杏仁、榛子、开心果、腰果、核桃、松子、全麦类食品等。

（2）饮品的准备。

饮品分为补充元气类和提神醒脑类。补充元气类饮品是指自己经常喝的温热白开水、淡雅的菊花茶、枸杞红枣茶、黄芪水等。饮用时，要小口多次。注意摄入的总量不要过多，以一个保温杯为标准去准备即可。提神醒脑类饮品则是指多功能饮料，这类饮品我们要提前准备好，准备半个保温杯的量即可，然后看谈判的进程确定

253

是否需要饮用。

以上准备的零食和饮品，都以少量多次为原则食用和饮用。有了这些零食和饮品，相信你的体力和脑力一定会得到补充，助你迎来最终谈判的胜利。

参考资料

中介口中的成交毒药，挂牌三天秒售
北京海淀区知春里结案报告

34 旁证大法：王婆卖瓜别人夸

笔者以前买房子的时候，曾经遇到一件有趣的事情。笔者跟房产中介一起去看房，到了地方发现房间门开着，里面有一个老太太，她看见我们就热情地招呼我们进来，然后滔滔不绝地讲了半个小时，说这个房子这样好那样好，价格也实惠，各方面都比对门那套要好，力劝笔者买下来。笔者看到房间里还算整洁，只是堆了很多打包好的东西，好像要搬家一样，于是问老太太是不是业主，结果老太太说她不是业主而是租客。笔者就好奇了，问老太太："你是租客，为什么这么热情给我们推荐这套房子？"老太太说："我家也在这个小区，家里面正在装修，所以跟业主租了这套房子暂时住半年。业主要的租金很少，让我在带看的时候帮忙照看一下。"原来如此。笔者觉得这个老太太真是一个称职的销售，毕竟她是住在这里的人，比很多房产中介介绍得还详细，还讲了很多接地气的事情和八卦。最后笔者跟房产中介发现，原来我们要看的房子应该是老太太所在房子的对门。这就相当于门对门两套一模一样的房子同时在卖，不同的是一套房子里面住着一位出色的销售员。

旁证大法，即让租客来作为这套房子有多好的一个旁证，这种旁证的力量要远远超过业主说一万句，因为业主自吹自擂有王婆卖瓜之嫌。反之，如果租客说一句房子不好，那后果也会非常严重。

这个方法我们最早是在做涉外租赁的时候总结出来的。那套房的租客是一位德国人，在租期将至而租客又无意续租的时候，我们跟他商量协助带看的事情。怎么样才能让租客配合带看呢？首先，我们会跟租客商量每周固定的时间段进行一次带看，每次给100美元现金，如果租约能够无缝衔接，还会给予额外的奖励，比如3.5万元的租金如果无缝衔接，奖励1000美元。这时我们也会提醒一下租客怎么样才能拿到这个奖励，比如房间内的生活用品要整洁一些，如果能够遇到本国的租客可以跟对方攀谈，以上一任租客的身份介绍这套房子的优点。这个方法实践下来还是非常有效的，那套房子从开始到结束租客一直是德国籍的，租约都能够很快地衔接上。

这套方法后来我们在出租或出售案例中也多次使用，都取得了非常好的效果。为什么旁证大法会有如此奇效呢？因为在下一任租客的认知里，住在里面的租客是客观中立的，他们不认为租客会帮助业主做任何掩饰。另外，下一任租客看到房屋内的生活状态也很容易把自己代入场景里，产生对美好生活的向往。

旁证大法在买卖过程中的应用也是同样的道理，实操上也是采用了一种合作机制，即约定固定时间带看、每次带看奖励、成交奖励，其中，固定时间带看解决打扰租客生活的问题，每次带看奖励可以提升租客配合带看积极性，成交奖励可以改善房屋屋况以及提升租客"旁证"房屋优点积极性。但是能否遇到完全配合的租客还是要看缘分的，最好在招租的时候就提前跟租客打招呼，并且通过租金优惠以及上述合作机制吸引租客配合使用"旁证大法"。

一般情况下，业主在卖房的时候，如果房子里面有租客，通常会跟租客发生矛盾。要么业主要提前赶租客走，租客不愿意走；要么租客不愿意配合带看。那么，为什么不通过利益机制的设定，化矛盾为合作共赢呢？如果租客与业主一直拧巴，租客在带看时说一句这房子漏水，就麻烦了。

35 扫地机大法：如何做好带看期间的房屋保洁

80%的人只要房子挂牌要卖了，就不愿意在这个房子上再花一分钱。

我们在广州市做过一个代售的案例，业主的工作非常繁忙，也不想在这个房子上再多花钱做大的改造，所以采用了省钱省时的洗脸大法。房子洗好脸挂牌出售以后，由于业主对价格的心理预期比较高，价格挂得也比较高，而洗脸的房子只能做到干净明亮，产品势能没有那么高，所以也没有那么快能卖出去。挂牌一个月以后，我们的代售项目经理又去房子里面看了一下，发现灰尘已经比较多了，于是建议业主再请人做一下保洁，但是业主花钱做洗脸已经是勉为其难了，现在再花钱做保洁，无论如何也不愿意。代售项目经理就跟业主说："如果你不想花钱请人做保洁，那么有空的时候自己过来做一下保洁，为这个房子注入一点能量可以吗？"结果业主自然也不愿意，于是这个保洁的事情就僵住了。

我们其实非常提倡业主亲自到房子"肉身开光"，做一下保洁，为这个房子注入能量。凡是这样做的业主，通常卖房的速度也会快一点，这事没有啥科学依据，但根据实操的统计，确实如此。我们上海市奉贤区的一位业主自己到挂牌出售的房子里面拖地，房子卖得就挺快。这位上海市的业主跟之前那位广州市的业主相比是另一个极端，他家离这个房子不远，他每天早上跑步到这个房子里面拖地，就当晨练，拖完地之后还拍一张照片，群发给中介，配文字："今日保洁已完，欢迎带看，带看有红包奖励！"房产中介们纷纷点赞。更难能可贵的是，他风雨无阻，天天如此，房产中介们也被刺激到，所以他房子卖得快也不奇怪。

就在广州市这个房子因保洁问题陷入僵局的时候，笔者去长沙参加当地社群小伙伴举办的游学活动，学到了他们的先进经验：在挂牌出租的房子里面使用扫地机 24 小时不间断扫地。这样一来，带看期间保洁问题就解决了，不需要人每天去打扫。出租的房子可以如此操作，出售的房子更是可以了。于是当天晚上笔者就把长沙的先进经验传达给广州市的项目经理，项目经理又跟业主打电话说了一下这个方法。正好业主家里有一台高档扫地机，平时也不怎么用，于是欣然同意把扫地机暂时拿到出售的房子里面去。这下出售期间的保洁问题就解决了。后来我们也多次把扫地机大法运用到别的出售的房子里。

扫地机大法尤其适用于只做了洗脸空屋出售的房子，如果是采用民宿接口大法的房子，有保洁阿姨打扫，不需要扫地机。如果用再高档一点的带摄像功能的扫地机就更厉害了，除了扫地还可以监听。最后建议大家家里备一台扫地机自用，以后卖房子的时候拿到要卖的房子里面去。

36 谈判大法：谈判桌上如何周旋

谈判无处不在，我们在工作中和供应商、客户或老板谈判，在家里和伴侣、父母或孩子谈判，在菜市场和卖菜的小贩谈判。人的一生就是一场接一场的谈判，你遇到的每一个人都可能是谈判的对象。要想从生活中得到你想要的东西，只能通过谈判，因此你要善于谈判。

房产交易谈判的特点是高价低频，且交易标的金额巨大，如果不是专业人士，普通人一辈子也谈不了几次，所以谈判经验积累无从谈起。本文简单介绍下房产交易谈判的注意事项，希望对即将上谈判桌的读者有所帮助。

1. 参加谈判的各种角色

买家：买家可能是一个人或者是跟家人朋友一起来，需要观察谁是决策者。经常有父母为孩子买房子的，如果父母出钱多的话，他们说话会有分量。

客源方中介：带买家来上桌的房产中介，在买方市场，他们通常更偏向买家。

房源方中介：房源维护人或联系业主的房产中介。客源方中介和房源方中介也可能是同一个人。

业主：产权人或代理人。产权人不能出席或者不善于谈判的时候需要代理人出面谈判。现在大品牌的房产中介公司都有远程签约系统，业主远程签约收定金即可。业主可能会与亲友一起上桌，但是与亲友必须提前沟通好，特别是夫妻同上桌时，理念必须相同，否则好队友变猪队友。

2. 知己知彼，百战不殆

在下行的房地产市场中，买家通常不会只有一个选项，所以最好在上桌前通过房产中介了解一下买家的情况，弄清楚他们的备选房源是什么样的。同时，谈判前对本小区或邻近小区的重点竞品也要了如指掌，因为谈判的时候很可能会遇到买家用其他竞品来压价的情况，这时要客观摆明我们相较于竞品的优势，运用拆骨法证明我们价格的合理性。笔者也遇到过拆骨法运用纯熟的买家，他在谈判桌上一项一项地说楼层值多少钱，房型值多少钱，装修值多少钱。遇到这样的买家不要慌，如果你准备充分的话，也可以一项一项拆。其实这样理性的买家反而是讲道理的买家，大家都用拆骨法，拆到一个平衡点就成交了！

3. 带一张扑克脸上桌

当你和某人谈判时，是同时在用语言和肢体表达想法，所以要保持二者的和谐统一。有时候虽然我们没有说出真实的想法，但肢体语言和表情已经出卖了我们，所以请带一张扑克脸上桌。如果买家报价到了你的心理价位，即使内心欣喜若狂，你在表面上也要保持镇定，然后表现出犹豫不决的样子，这样可以让买方觉得他的报价偏低。如果不是专业人士，普通人没有经验，只靠临阵磨枪是很难做到这一点。所以如果你天生没有扑克脸，那么请专业代理人代你上桌是比较好的选择。

4. 红脸黑脸策略

唱红脸唱黑脸的说法源于京剧脸谱，其中红脸指关公，侠肝义胆、忠贞不二，黑脸指包公，铁面无私、一视同仁。如今红脸黑脸的含义已经变了，红脸指装好人做和事佬，黑脸指装恶人办坏事。大多数谈判都可以采用红脸黑脸策略。如果要在谈判桌上用这一招的话，需要找一个你熟悉并能配合的搭档。红脸和黑脸相互依存，在谈判中两者必须紧密配合，用截然不同的方式去讲述同一件事，一个表现得随和、平易近人，另一个则表现得强势、咄咄逼人，买家往往更喜欢两个人中平易近人的那一位，这才是重点，黑脸存在的意义就是强化红脸所传达的信息。

在紧张的谈判氛围中，你有时候既要扮红脸倾听买家的意见，又要扮黑脸推动买家做决定。当买家兼听红脸和黑脸的建议时，会做出更好的选择。此外，不是所有人都想要与你沟通甚至喜欢你的，我们能与一些人产生共鸣，却与另一些人无法沟通。因此如果你有一位谈判搭档，能在谈判遇到阻碍时帮到你，或者是直接主导谈判，那是最好的。

5. 我有一个坏老板

以前在做高端租赁时，笔者跟租客周旋时常常使用一招，叫作"我有一个坏老板"。遇到租客提出某些比较过分的条件时，笔者会说："我就是个房屋管理员，服务好客户是我的职责。站在我的角度，我是很想帮你的，不过这事没有先例，我得问问我们老板。"

稍后再回复客户:"我是很想帮你,奈何我们老板不同意啊。这次你先下定,入住前我再送你一次保洁,下次续约再帮你争取更好的条件。"在一瞬间,笔者仿佛和租客在同一战壕,共同咒骂"小气的坏老板"。在谈判当中设置一个虚拟的决策者是很常见的做法,就像前面的红脸黑脸策略,只不过这里我们把黑脸放在场外。

采用这一招时,我们一开始就要让对方知道,我们做决定需要征得不能到场的某位业主的同意。如果是专业代理人出面谈判,这是非常自然的,肯定要征得业主的同意。非常不建议房产证上的所有权人都出席谈判,比如夫妻两个都上桌谈判,这时如果成年人卖房子还要征求父母意见就非常不自然。夫妻双方出一个人上桌,或者让代理人陪同一个业主上桌谈判是最理想的。在技术上,我们可以在谈判时用手机开一个腾讯会议,不上桌的业主可以在幕后实时听到现场谈判内容。

6. 离开谈判桌

你一定在菜市场玩过这一招:假装不买了转身就走,然后等着菜贩把你叫住。若谈判进入僵持阶段,暂时离开谈判桌也是经典的战术。为什么要这样做呢?先是暂停谈判,让双方的注意力远离这笔交易,让对方感到这笔交易算不了什么,你有更重要的事情要处理。几分钟后你再回到谈判桌,把话题转到一个与房产交易无关且双方都感兴趣的话题上面,然后在毫无征兆的情况下把话题带回谈判。

你可以用很多理由中断谈判,离开谈判桌。比如你要跟"坏老板"商量一下,要接一个重要的电话,或者战术性上卫生间,甚至愤然离场,前提是你不是单枪匹马,你得有一个红脸搭档以便上演

"萧何月下追韩信"的戏码。房产中介不一定偏向你这一方，所以不能指望房产中介恰到好处地追出来拉住你。有时候，离开谈判桌的目的就是纯粹拖延时间，这就是"拖延战术"。

7. 拖延战术

一场谈判持续的时间越久，达成交易的概率越大。笔者印象里最艰难的一场谈判是从下午开始，最后签约收完定金，天已经快亮了。一场谈判，买卖双方都要付出时间和精力，拖延的时间越久，说明双方的诚意越大。那么长时间没有拍屁股走人已经说明双方有足够的诚意了，一直熬到某一方说"算了吧就这样"，交易就达成了。

谈判开始时，任何话题都可以谈，就是不要谈交易，进入正题的时间越晚越好。拖延战术的精髓是"我既不同意你的条件，但也不让你走"。前面所述的"我有一个坏老板"和"离开谈判桌"策略都可以帮助你拖延时间。最后，实施拖延战术要有良好的体力，所以上桌谈判前，请带一个大茶杯，再带一些干粮。

8. 与买家见面谈

现在谈判地点大多在房产中介公司的谈判室，而且买卖双方开始是不见面的，在不同的谈判室通过房产中介背靠背谈判。笔者的建议是，除了最开始双方确认房屋产权信息、交易税费条件等例行手续之外，最好和买家见面谈，否则种种战术都无法施展。在市场不好的时候，客源方中介可能很强势，会说："买家最多出到这个价格了，现在市场不好，买家有多个选择，你不答应的话我就带买家去谈别的房子。"意思是你不答应的话连买家面都见不着。这时你不要慌，要心平气和地跟房产中介说："我卖房子除了看价格，也要看缘分。这套房子是我的婚房，我对它还是有感情的，希望给它找个好人家。如果看对眼了，聊得投缘，条件也不是不可以谈。"另外，你还要跟房产中介强调一点："无论我报什么价，都包含你的 1 个点房产中介费。"中介最忌讳的是买卖双方联手让中介费打折，所以要先给他吃一颗定心丸，告诉他起码卖方这里的中介费不打折。

很多地方多年以来在房地产上行周期时都是卖方市场，形成了业主收到手价的习惯，但是在市场行情不好的时候，建议业主支付 1 个点中介费，这样房产中介更愿意帮你。

房产买卖谈判是一门实践的艺术，本文只是粗浅介绍了一下。真正的谈判高手都是一场接一场谈判铸就的。普通人如果不经常做商务谈判的话，很难临阵磨枪，无师自通，所以，如果你没有谈判经验，最好请专业的代理人代替或陪同你上桌谈判。